OAG Deutsche Gesellschaft für Natur- und Völkerkunde Ostasiens (Hg.)

Ein Jahrhundertwerk: Das *Große japanisch-deutsche Wörterbuch* (GJDW)

Herausgegeben von
Jürgen Stalph · Irmela Hijiya-Kirschnereit
Wolfgang E. Schlecht · Kōji Ueda

OAG Taschenbuch Nr. 107

OAG DEUTSCHE GESELLSCHAFT
FÜR NATUR- UND VÖLKERKUNDE OSTASIENS

Die OAG ist eine 1873 in Japan von deutschen Kaufleuten, Gelehrten und Diplomaten gegründete Vereinigung, deren Ziel es u. a. ist, die Länder Ostasiens, insbesondere Japan, zu erforschen und Kenntnisse darüber zu verbreiten.

Die Reihe OAG Taschenbuch (früher OAG aktuell) erscheint in unregelmäßigen Abständen und geht allen Mitgliedern der OAG kostenlos zu. Soweit die jeweilige Auflage reicht, steht sie auch anderen Interessenten zur Verfügung.

Die Manuskripte für die Reihe OAG Taschenbuch gehen in der Regel auf Vorträge zurück, die in der OAG Tokyo gehalten wurden. Sie enthalten grundsätzlich die Auffassung der jeweiligen Verfasser, die sich nicht notwendigerweise mit der Auffassung der OAG zu decken braucht.

Dieses Buch ist eine Veröffentlichung der OAG
im IUDICIUM Verlag.

Bibliografische Information der Deutschen Nationalbibliothek

Die Deutsche Nationalbibliothek verzeichnet diese Publikation in der Deutschen Nationalbibliografie; detaillierte bibliografische Daten sind im Internet über http://dnb.d-nb.de abrufbar.

Alle japanischen Namen werden in der Reihenfolge *Familienname – persönlicher Name* wiedergegeben.

Oktober 2023
ISBN 978-3-86205-678-1

Die vorliegende OAG-Publikation umfasst die Grußworte und Beiträge der Veranstaltung vom 10. Dezember 2022 im OAG-Haus, Tokyo

West-Östliche Sprachbrücke –
Ein Symposium mit Festveranstaltung zur Fertigstellung
des *Großen japanisch-deutschen Wörterbuchs* (GJDW)

sowie zwei ausgewählte, ebenfalls auf die Fertigstellung des GJDW Bezug nehmende Vorträge der Veranstaltung vom 8. November 2022 in der Berlin-Brandenburgischen Akademie der Wissenschaften von Wolfgang Seifert und Viktoria Eschbach-Szabo:

Der west-östliche Lexikon-Diwan
Podiumsdiskussion

Darüber hinaus wurde eine am 26. November 2022 in der *FAZ* erschienene Rezension von Axel Weidemann aufgenommen, in der er – ausgehend von einem Gespräch mit Jürgen Stalph, dem leitenden Redakteur und lexikographischen Rückgrat des Projekts – seinen Lesern die Besonderheiten des *Großen japanisch-deutschen Wörterbuchs* vor Augen führt:

Die drei Pfeiler der Brücke nach Nippon
Frankfurter Allgemeine Zeitung, Literarisches Leben (Feuilleton)

OAG Deutsche Gesellschaft für Natur- und Völkerkunde Ostasiens (Hg.)
Redaktion: Wolfgang Schlecht,
Mitglied des Publikationsausschusses der OAG

Die OAG dankt der Botschaft der Bundesrepublik Deutschland für die großzügige finanzielle Unterstützung dieser Publikation.

OAG Tokyo

Inhalt

Beiträge der Berliner Veranstaltung vom 8. November 2022

Rezension

Kumekawa Mario
Keiō-Universität, Tokyo

Vorwort

Der umfassende Austausch zwischen Japan und Deutschland begann in den 1880er Jahren, als die japanische politische Führung die konstitutionelle Monarchie des Deutschen Reiches als Vorbild für ihre nationale Identität nahm. In der Folgezeit setzte sich die Beziehung fort, wobei Japan moderne wissenschaftliche Studien aus Deutschland rezipierte, insbesondere in den Bereichen der Medizin, Physiologie, Philosophie und Pädagogik. Das japanische Hochschulwesen wurde nach Wilhelm von Humboldts Idee der freien Bildung gestaltet, und auch nach den beiden Weltkriegen lernte Japan weiterhin von Deutschland, „wie man sich als besiegte Nation zu verhalten hat". Auch die Arbeiten von Denkern wie Heidegger, Adorno, Habermas und Luhmann, die in der intellektuellen Welt der Nachkriegszeit sehr einflussreich waren, fanden in Japan große Beachtung. Die Beziehung zwischen den beiden Ländern war also im Wesentlichen dadurch gekennzeichnet, dass Japan von Deutschland lernte. Daher wurden die meisten Wörterbücher mit der Sprachkombination Japanisch und Deutsch von japanischer Seite erstellt. In der Anfangsphase waren dies vor allem deutsch-japanische Wörterbücher, die nötig waren, damit Japaner deutsche wissenschaftliche Arbeiten und Dokumente lesen konnten. Später kamen dann auch japanisch-deutsche Wörterbücher hinzu, um Deutsch lernende Japaner bei der Kommunikation auf Deutsch zu unterstützen. Lange Zeit war der Austausch über „Wörterbücher" zwischen Deutschland und Japan eine Einbahnstraße. Selbst die deutschen Japanologiestudentinnen und -studenten haben beim Lesen von japanischen Texten japanisch-deutsche Wörterbücher verwendet, die in Japan erstellt wurden.

Jetzt, nach mehr als zwanzig Jahren voller Arbeit und Bemühungen, hat der Iudicium Verlag das erste vollwertige japanisch-deutsche Wörterbuch in Deutschland veröffentlicht. Sein Inhalt weist sowohl qualitativ als auch quantitativ ein äußerst hohes Niveau auf und lässt auf den ersten Blick erkennen, dass das Werk in Deutschland, einem Land mit hohen philologischen und lexikographischen Ansprüchen, entstanden ist. Mit diesem Wörterbuch wird die Interaktion zwischen den beiden Sprachen Japanisch und Deutsch in eine neue Phase eintreten, und neue Ergebnisse des deutsch-japanischen Austausches werden nicht nur die Wissenschaft, sondern auch zahlreiche andere Bereiche des täglichen Lebens neu beleben.

Am 10. Dezember 2023 fand im Tokyoter OAG-Haus eine Festveranstaltung mit einem akademischen Symposium zur Würdigung des nun vollständig vorliegenden *Großen japanisch-deutschen Wörterbuchs* statt. Matthias Wittig (Dokkyō-Universität), Reinold Ophüls-Kashima (Sophia-Universität), Kurita Kurina (Keiō-Universität) und ich gründeten ein Vorbereitungskomitee, und das Goethe-Institut Tokyo, die OAG, das Japanische Kulturinstitut Köln (JKI) / Japan Foundation unter der Leitung von Prof. Aizawa Keiichi sowie die Gesellschaft zur Förderung der Germanistik in Japan konnten als Mitveranstalter gewonnen werden. Die ganze Veranstaltung stand unter der Schirmherrschaft der deutschen Botschaft in Japan.

Das Symposium begann mit einer Eröffnungsrede des deutschen Botschafters, Dr. Clemens Goetze, gefolgt von Ansprachen von Peter Anders (Goethe Institut Tokyo) und Karin Yamaguchi (OAG). Irmela Hijiya-Kirschnereit hielt die Eröffnungsrede, dieser folgten Vorträge von Mishima Kenichi und Till Weingärtner, die aus ihrer eigenen Perspektive über ihre mannigfachen Erfahrungen mit Wörterbüchern und die Bedeutung der Wörterbucharbeit berichteten. Kimura Goro Christoph fokussierte seine Ausführungen auf die Bedeutung des Erlernens von mehr als einer Sprache in der modernen Welt. Zuletzt sprach Aizawa Keiichi (Japanisches Kulturinstitut Köln) über Zoom das Schlusswort zur Bedeutung des Symposiums. Im Anschluss an das Symposium diskutierten Wolfgang Schlecht und Ueda Kōji, beide Mitherausgeber des *GJDW*, sowie Aimée Dornier vom Iudicium Verlag mit den Teilnehmern im Rahmen einer Posterpräsentation über das Wörterbuch. Zur Eröffnung des anschließenden Empfangs brachte Ono Kōtarō, der zu den wichtigsten Sponsoren dieses Großprojekts gehörte, einen Toast auf das Wörterbuch aus.

Die vorliegende Publikation versucht, Teile dieses Symposiums wiederzugeben. Sie soll die Bedeutung dieses großen kulturhistorischen Ereignisses und die Dankbarkeit der Beteiligten dokumentieren.

Reinold Ophüls-Kashima
Sophia-Universität, Tokyo

Begrüßung

Sehr geehrte Damen und Herren,

ich begrüße Sie herzlich im Namen des Organisationskomitees unter der Leitung von Professor Mario Kumekawa zum Symposium „West-östliche Sprachbrücke" – ein Symposium mit Festveranstaltung zur Fertigstellung des *Großen japanisch-deutschen Wörterbuchs*, und freue mich über ihr zahlreiches Erscheinen.

Die Erstellung des dreibändigen *Großen japanisch-deutschen Wörterbuchs*, ein seit Jahrzehnten unumstrittenes Desiderat ersten Ranges, dessen Bedeutung sowohl für die deutsche Japanforschung als auch für die japanische Germanistik gar nicht hoch genug eingeschätzt werden kann, stellt das größte Projekt in der Geschichte der deutschen Japanologie bzw. Japanwissenschaft dar und hat sowohl quantitativ als auch qualitativ Maßstäbe gesetzt.

Deswegen sollen kurz die Personen gewürdigt werden, die sich um das Wörterbuch in besonderem Maße verdient gemacht haben. Da wäre selbstverständlich zuerst Frau Prof. Dr. Irmela Hijiya-Kirschnereit, die es als Projektleitern initiiert, als Direktorin des Deutschen Instituts für Japanstudien (DIJ) möglich gemacht und an der Freien Universität Berlin angesiedelt hat. Weiter sind die beiden anderen Herausgeber zu nennen, Prof. em. Kōji Ueda und Prof. em. Wolfgang Schlecht, die heute vor der Posterpräsentation Fragen zum Wörterbuch beantworten werden. Als weiterer Herausgeber und Leitender Redakteur fungierte Dr. Jürgen Stalph, der sich in jahrelanger

Arbeit wie kein anderer um die konkrete Erstellung des GJDW verdient gemacht hat, heute aber leider verhindert ist.

Die Liste der weiteren Redaktionsmitglieder, Beiträger, Korrekturleser und Mitarbeiter bzw. die der Förderer und Sponsoren ist zu lang, um hier alle namentlich zu nennen. Ihnen allen sei hiermit ausdrücklich gedankt. Anwesend ist heute Honorarkonsul Dr. hc. Kōtarō Ono (CBE), dem in Stellvertretung für alle Förderer der Dank für die umfangreiche Unterstützung des Projekts ausgesprochen werden soll. Schließlich darf die professionelle Arbeit des Iudicium Verlages nicht unerwähnt bleiben, als dessen Repräsentantin Frau Aimée Dornier es sich nicht hat nehmen lassen, heute anwesend zu sein und Fragen zu beantworten. Wer noch kein *Großes japanisch-deutsches Wörterbuch* sein Eigen nennt, kann heute eine Bestellung bei Frau Dornier aufgeben.

Ein besonderer Dank gebührt der Botschaft der Bundesrepublik Deutschland in Japan, welche die Schirmherrschaft für das Symposium übernommen hat. Ermöglicht wurde die Veranstaltung weiter durch die Unterstützung der Mitveranstalter, nämlich des Goethe-Instituts Tokyo, der Deutschen Gesellschaft für Natur- und Völkerkunde Ostasiens (OAG), des Japanischen Kulturinstituts in Köln (Japan Foundation) sowie der Gesellschaft zur Förderung der Germanistik in Japan (GFG).

Clemens von Goetze
Deutsche Botschaft Tokyo

Grußwort

Sehr geehrte Frau Professorin Hijiya-Kirschnereit,
sehr verehrte Damen und Herren,
liebe Gäste,

dass die Erstellung eines Wörterbuchs eine Mammutaufgabe ist, weiß jeder, der einmal das *Grimmsche Wörterbuch* in seiner ganzen Pracht vor sich gesehen hat. Wir sehen es auch hier an dem letzten Band des *Großen japanisch-deutschen Wörterbuchs*, dessen Veröffentlichung im März 2022 wir heute feiern dürfen.

Ursprünglich war das Projekt auf 5 Jahre angelegt – nach fast 25 Jahren dürfen wir das lang ersehnte vollendete Werk nun endlich in den Händen halten. Die Verlängerung war gut investiert, denn die zusätzliche Zeit ist eine Chance der Anpassung, da sich Sprache mitunter durch die technologischen Errungenschaften der vergangenen Jahrzehnte stark gewandelt hat.

Über 130 000 Stichwörter der modernen japanischen Sprache von der frühen Meiji-Zeit bis zur Gegenwart haben Eingang in das dreibändige Werk gefunden. Sie bieten einen hervorragenden und faszinierenden Überblick über die sich ständig wandelnden Beziehungen unserer beiden Sprachen und nicht zuletzt über die bilateralen Beziehungen unserer beiden Länder. Auch für die Diplomatie ist das Wörterbuch ein hilfreicher Beitrag, schließlich kommt es häufig auf jedes noch so kleine Wort, jede Klangfärbung und auch manchmal Schattierung des Humors an.

Die wissenschaftliche Leistung, aber auch die Beharrlichkeit, die dahinter steht – Sie werden in Ihrem Vortrag euphemistisch von „Abenteuer“ sprechen, liebe Frau Hijiya-Kirschnereit –, kann eigentlich gar nicht überschätzt werden: Die Herausgeber Jürgen Stalph, Irmela Hijiya-Kirschnereit, Wolfgang Schlecht sowie Ueda Kōji haben hier über zweieinhalb Jahrzehnte etliche Tropfen Herzblut vergossen; da passt es symbolisch, dass das Wörterbuch optisch teilweise in Rot gehalten ist.

Die Hartnäckigkeit und der Durchsetzungswille, der hinter der Erstellung eines solchen Meilensteins der Wissenschaft steht, ist nur zu bewundern. Hinsichtlich der Finanzierung sind wir dem Deutschen Institut für Japanstudien (DIJ), dem Iudicium Verlag, der Deutschen Forschungsgemeinschaft (DFG) und auch privaten Förderern sehr dankbar, durch die die Realisierung dieses hervorragenden Werkes ermöglicht wurde.

Allen Beteiligten möchte ich herzlich gratulieren, und ich freue mich auf das heutige Symposium.

Peter Anders
Goethe-Institut Tokyo

Grußwort

Sie gestatten mir, meine Damen und Herren, verehrter Herr Botschafter, Frau Professor Hijiya-Kirschnereit, Herr Professor Kumekawa für das gesamte Organisationskomitee und liebe Frau Yamaguchi, im Rahmen der Würdigung dieses wunderbaren Projektes, Anleihe am Namenspatron unserer Institution zu nehmen. Bekanntermaßen hat sich Goethe dem Übersetzen als kreativem Akt mit großer Leidenschaft gewidmet und ihm den Rang einer – wir würden wohl sagen – soziokulturellen Studie zugesprochen.

In der Übersetzung offenbart sich nicht nur das eigene Verständnis, sondern immer eben auch die Übertragung kultureller, künstlerischer, historischer und anderer Zusammenhänge. Goethes *West-östlicher Diwan* ist insofern ein wunderbares literarisches Beispiel für die Herstellung diverser Bezugshorizonte als Akt der Übertragung im Sinne des Dialogs verschiedener kultureller Kontexte. Ein so komplexes Werk, wie es das *Große japanisch-deutsche Wörterbuch* darstellt, ist insofern sehr viel mehr als eine Handreichung: Es öffnet Tore in das jeweils andere Reich.

Ich gratuliere und bedanke mich bei allen Beteiligten sehr für diese großartige Arbeit und die Organisation dieser ehrenvollen Festveranstaltung. Dass u. a. das Goethe-Institut hier nicht nur mit der OAG, sondern auch mit der Japan Foundation gemeinsam auftritt, ist mir eine besondere Freude, denn es unterstreicht einmal mehr die in den letzten Jahren verstärkt unter Beweis gestellte Partnerschaft unserer Einrichtungen.

Dass wir im vergangenen Jahr sowohl dem japanischen Komponisten Hosokawa Toshio die Goethe-Medaille verleihen konnten und dass auch Frau Prof. Hijiya-Kirschnereit der Japan Foundation Award zuerkannt wurde, gibt uns große Zuversicht hinsichtlich der Stärke der japanisch-deutschen Kulturbeziehungen, zu deren Ernte nun auch das *Große japanisch-deutsche Wörterbuch* gehört.

Karin Yamaguchi
OAG Deutsche Gesellschaft für Natur- und Völkerkunde Ostasiens

Grußwort

Sehr geehrter Herr Botschafter,
sehr geehrte Frau Hijiya-Kirschnereit,
sehr geehrter Herr Schlecht,
sehr geehrter Herr Ueda,
sehr geehrte Frau Dornier,
sehr geehrte Ehrengäste,
liebes Organisationskomitee,
lieber Herr Anders,
lieber Herr Aizawa,
liebe Alle, die den heutigen Abend hier vor Ort und in Deutschland mit uns gestalten oder uns zugeschaltet sind!

Im Namen der Deutschen Gesellschaft für Natur- und Völkerkunde Ostasiens begrüße auch ich Sie ganz herzlich an diesem Abend, in dessen Mittelpunkt das nun fertig vorliegende dreibändige *Große japanisch-deutsche Wörterbuch* und seine Herausgeber stehen.

Am 22. März 2023 jährt sich das Bestehen unserer Gesellschaft zum 150. Mal. Ursprünglich zur Erforschung unseres Sitzlandes Japans und Ostasiens gegründet, widmet sich die OAG bis heute dem Anliegen, in Form von wöchentlichen Vorträgen, monatlichen Exkursionen, Ausstellungen und Publikationen über Japan und Ostasien zu informieren. Voraussetzungen dafür sind die wissenschaftliche Auseinandersetzung mit japanischen Quellen sowie der zwischenmenschliche Austausch mit den Menschen, in deren Mitte wir wirken. Beides geht nicht ohne Kenntnis der japanischen und in unserem Fall auch der deutschen Sprache.

Das erklärt das große Interesse, das wir als OAG dem Wörterbuch-Projekt von Anfang an entgegengebracht haben. Es gibt sogar Stimmen, die behaupten, dass der Plan, ein solches Wörterbuch zu konzipieren, zu einem gewissen Teil hier in diesem Haus und in den Räumen der OAG gereift sei. Ob das der Wahrheit entspricht, kann ich nicht beurteilen, aber es klingt ganz und gar nicht unwahrscheinlich, zumal sich unter den Herausgebern des Wörterbuchs mindestens ein langjähriges OAG-Mitglied befindet.

Fest verbürgt ist hingegen die Tatsache, dass der Festvortrag zum 145. Jahrestag der OAG bereits dem Wörterbuch gewidmet war: „*Am Fuße des Leuchtturms ist es dunkel*: 145 Jahre Sprachmittlung Japanisch-Deutsch-Japanisch.“ So hieß der Festvortrag, den Frau Prof. Dr. Irmela Hijiya-Kirschnereit anlässlich unseres damaligen Gründungstags am 28. März 2018 hielt. Dass nach diesem Werkstattbericht die Vollendung des großen Projekts hier in diesem Haus feierlich begangen wird und wir als Mitveranstalter unter den Gastgebern sein dürfen, war uns ein Bedürfnis und ist uns heute eine große Ehre.

Wir freuen uns darauf, heute von den Herausgebern persönlich etwas über die Entstehung und die Beschaffenheit des ersten japanisch-deutschen Wörterbuchs seiner Art zu erfahren, das man sicher ohne Übertreibung ein Jahrhundertwerk nennen darf. Es wird nicht nur die Zeiten überdauern, sondern auch so schnell keine Nachahmer finden, denn jeder, der es in die Hand nimmt, kommt nicht umhin, zu bemerken, wie viel Arbeit in ihm steckt. Sicher haben Sie beim Hereinkommen bereits einen Blick auf einige Seiten werfen können, die vergrößert im Foyer hängen.

Ich schließe meine Worte mit dem Zitat des 2020 verstorbenen franko-amerikanischen Literaturwissenschaftlers und Literaten Francis George Steiner, das Frau Prof. Hijiya-Kirschnereit seinerzeit der Ankündigung ihres Festbeitrags angefügt hatte:

„Wörterbücher sind die Schatzkammern der menschlichen Geschichte."

Vor einer solchen Schatzkammer stehen wir heute. Was sie so faszinierend macht, ist die Tatsache, dass sie unerschöpflich ist und jeden, der sie betritt, beschenken kann, ohne dass die Anzahl der Schätze jemals abnimmt. Sie werden im geselligen Teil des Abends bemerken, dass auch wir uns dieser Schätze schon bedient haben.

In diesem Sinne wünsche ich Ihnen im Namen der OAG eine erfolgreiche Schatzsuche und vor allen Dingen einen informationsreichen und anregenden Abend mit vielen guten Gesprächen.

OAG Tokyo

Irmela Hijiya-Kirschnereit
Freie Universität Berlin

Das Abenteuer *Großes japanisch-deutsches Wörterbuch* – 和独大辞典

Wörterbücher sind Lebensbegleiter. Punkt. Diesen Satz kann ich als Erfahrung am eigenen Leibe bestätigen. Erlauben Sie mir einen kurzen persönlichen Rückgriff auf meinen Werdegang als Wörterbuchnutzerin: Im März 1969 – ich hatte gerade das 3. Studiensemester in den Fächern Japanologie, Sinologie und einigen weiteren an der Universität Hamburg absolviert – machte ich mich mit meinem späteren Ehemann Hijiya Shūji zur ersten großen gemeinsamen Reise auf. Die Fahrt mit Übernachtung in Jugendherbergen führte von der Holsteinischen Schweiz über Südfrankreich nach Spanien. In Barcelona leisteten wir uns erstmals ein Hotel und konnten den VW-Käfer in der engen Altstadtstraße direkt unter unserem Balkon parken. Am nächsten Morgen entdeckten wir bestürzt, dass jemand den Wagen aufgebrochen hatte. Worauf hatte er es abgesehen? Wertgegenstände fand der Dieb keine. Stattdessen 6 Wörterbücher, die er entwendete. Darunter den „Kimura“: Das *Große japanisch-deutsche Wörterbuch* von Kimura Kinji, das uns gleich am Anfang unseres Studiums zur Anschaffung dringend empfohlen worden war. Ich hatte es mir zu Weihnachten schenken lassen, in der damals 15. Auflage von 1967. Meiner Erinnerung nach kostete es über 70 DM; der japanische Ladenpreis, der hinten im Buch angegeben ist, betrug seinerzeit 5.000 Yen. Ein großer Batzen Geld, aber ich war mit meinem Weihnachtsgeschenk glücklich gewesen, konnte ich doch nun erst „richtig“ studieren, wie man mir versichert hatte. Und so begleitete das Buch mich auch auf der Reise, nebst

Großes
Japanisch-Deutsches
Wörterbuch

文學博士　木村謹治著

和獨大辭典

東京　博友社

Kimura, Kinji (1952): *Großes Japanisch-Deutsches Wörterbuch. Wa-Doku daijiten.*
Tokyo: Hakuyusha. 2.633 Seiten; 1. Auflage 1937.
Unveränderter Nachdruck ab 1952.

einigen weiteren Lexika. Vermutlich waren auch ein Spanisch- und ein Französisch-deutsches darunter. Zum Glück konnten wir die Reise auch ohne die Wörterbücher fortsetzen, aber Ordnung muss sein: Der Diebstahl wurde angezeigt, so dass nun aktenkundig ist, dass Irmela Kirschnereit in Barcelona um 6 Wörterbücher erleichtert wurde. Zumindest eines davon, den „Kimura", hat sie sich folglich noch einmal beschafft. Er begleitete mich weiterhin durch die Zeiten und ist inzwischen dringend reparaturbedürftig, denn der Lederrücken ist verschlissen und hat sich gelöst. Aber nun gibt es endlich Ersatz!

Seit dieser Zeit sind viele Jahre ins Land gezogen. Gerade im täglichen Umgang mit Wörterbüchern lernt man aber auch deren Grenzen kennen. Die Grenzen des „Kimura", des bis dato verlässlichsten Auskunftsmittels seiner Art, lagen u. a. in seiner mangelnden Aktualität. Bei der bis heute immer wieder neu aufgelegten Ausgabe aus dem Jahr 1952 handelt es sich um den unveränderten Nachdruck der 1937 erschienenen Version. Das bedeutete eine lexikographische Lücke von gut 60, bzw. von jetzt aus gesehen, 85 Jahren. Demnach war für alle, die professionell, etwa im Bereich von Forschung und Lehre, aber auch in Kultur, Gesellschaft, Wirtschaft und Diplomatie im japanisch-deutschen Feld tätig waren und natürlich auch für Studierende, ein aktuelles, umfassendes, nach neuesten lexikographischen Kriterien erstelltes japanisch-deutsches Wörterbuch ein unumstrittenes Desiderat ersten Ranges. Doch wo und wie ließe sich ein solches Großprojekt von grundlegender Bedeutung für die deutsche Japanforschung wie auch für die japanische Germanistik umsetzen? Ein einzelnes japanologisches Institut wäre damit hoffnungslos überfordert gewesen, zumal für das Projekt auch eine Kooperation zwischen Japanologen und Germanisten unabdingbar erschien. Im Nachhinein

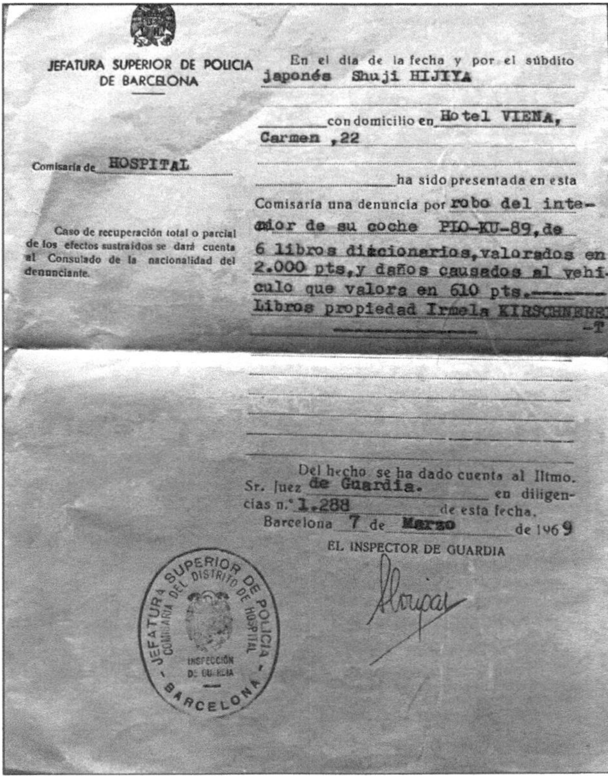

JEFATURA SUPERIOR DE POLICIA
DE BARCELONA

Comisaría de HOSPITAL

Caso de recuperación total o parcial de los efectos sustraídos se dará cuenta al Consulado de la nacionalidad del denunciante.

En el día de la fecha y por el súbdito japonés Shuji HIJIYA con domicilio en Hotel VIENA, Carmen ,22 ha sido presentada en esta Comisaría una denuncia por robo del interior de su coche PLO-KU-89,de 6 libros diccionarios,valorados en 2.000 pts,y daños causados al vehículo que valora en 610 pts.——— Libros propiedad Irmela KIRSCHNERE[I] -T

Del hecho se ha dado cuenta al Iltmo. Sr. Juez de Guardia. en diligencias n.º 1.288 de esta fecha.

Barcelona 7 de Marzo de 1969

EL INSPECTOR DE GUARDIA

Kinji Kimura
Großes
Japanisch-Deutsches
Wörterbuch

kommt es mir selber reichlich kühn vor, dass ich 1997, ein Jahr nach meinem Amtsantritt als Direktorin des Deutschen Instituts für Japanstudien (DIJ) vorschlug, ein solches Projekt am Institut in Tokyo anzusiedeln. Natürlich sollte es nicht die anderen Arbeitsvorhaben am Institut einschränken. Aber wo, wenn nicht an diesem deutschen Auslandsinstitut mit seinem Satzungsauftrag der Stärkung deutsch-japanischer wissenschaftlicher Zusammenarbeit, hätte sich eine Chance ergeben, etwas so Grundlegendes zu erarbeiten?

Das Herausgeberteam war rasch zusammengestellt: Von Anfang an plante ich mit dem Japanologen und Linguisten Jürgen Stalph, seinerzeit Bibliothekar am Institut, und wir gewannen mit Wolfgang Schlecht von der Waseda-Universität und Ueda Kōji von der Tsukuba-Universität zwei in japanischer Lexikonarbeit erfahrene Kollegen. Zunächst galt es, den wissenschaftlichen Beirat und den Stiftungsrat zu überzeugen.

Arbeitsbesprechung der Herausgeber im Büro der Direktorin, DIJ Tokyo, 1998 (v. li. n. re.: Hijiya-Kirschnereit, Stalph, Schlecht, Ueda)

OAG Tokyo

Interessanterweise kam die stärkste Unterstützung aus Kreisen der Wirtschaft und im Stiftungsrat vom DFG-Präsidenten, während die nicht mit japanischen Quellen arbeitenden Wissenschaftler im Beirat ihre Köpfe wiegten. Japanisch-deutsch sei in der Wissenschaft doch nur ein Nebengleis, Publikationen und wichtige Befunde seien doch eh über das Englische zugänglich. Die japanischen Gremienmitglieder unterstützten das Projekt allerdings mit Nachdruck. Schließlich durfte ich das gut vorbereitete Projekt 1998 doch in Angriff nehmen unter der Maßgabe, dass nicht mehr als eine einzige Mitarbeiterstelle aus dem Institutsetat dafür zur Verfügung gestellt werden dürfe. Und ich musste nun ein neues Feld betreten, auf das ich so wenig wie vermutlich die meisten von uns hier vorbereitet war: das Einwerben von Drittmitteln. Dazu später mehr.

Zu den systematischen Vorbereitungen gehörte die Erstellung einer Auflistung sämtlicher im Druck vorliegender japanisch-deutscher und deutsch-japanischer Nachschlagewerke, die 1.011 Titel umfasst und 1999 auch publiziert wurde. Dieses teilannotierte Werk allein ist schon eine sehr aufschlussreiche Quelle für Wissenschafts- und Beziehungsgeschichte, auf die ich leider hier nicht näher eingehen kann. Doch es ging uns in diesem Zusammenhang natürlich darum, nicht nur alle Quellen, also auch Spezialwortschätze aus allen möglichen Wissensgebieten, für unsere Arbeit einzubeziehen, sondern auch zu prüfen, wie ein optimal nutzbares Allgemein- und Spezialwörterbuch angelegt sein sollte, um den Bedürfnissen der unterschiedlichsten Nutzer, vom Anfänger bis zur Spezialistin in der gesamten Breite des gegenwärtigen Wissens, möglichst entgegenzukommen. Alle Nutzer, das heißt beispielsweise, deutsche ebenso wie japanische, und das ist wahrlich keine Selbstverständlichkeit. Denn zweisprachi-

Stalph, Jürgen, und Harald Suppanschitsch (1999): *Wörterbücher und Glossare: Eine teilannotierte Bibliographie japanisch-deutscher und deutsch-japanischer Nachschlagewerke*. München: Iudicium (Bibliographische Arbeiten aus dem Deutschen Institut für Japanstudien; 5). xvii + 437 Seiten ge Wörterbücher sind in der Regel nur für eine Richtung ausgelegt, die Nutzer der Zielsprache, die die grammatikalischen Erläuterungen zu ihrer eigenen Sprache nicht brauchen.

Dies ist übrigens eine der vielen Besonderheiten unseres Wörterbuchs, das vom Konzept her ausgesprochen innovativ ist und auch deshalb für japanische Nutzer von besonderem Wert sein dürfte. Vieles davon werden Sie nicht nur in keinem anderen japanisch-deutschen Wörterbuch finden, sondern auch nicht in japanisch-englischen oder irgendeiner anderen zweiten Sprache. Ich bräuchte natürlich viel mehr Zeit, um Ihnen das alles vorzuführen. Doch vielleicht schauen Sie selbst. Zu den Innovationen, die jedem sofort ins Auge springen dürften, der das Buch aufschlägt, zählt etwa die hohe Zahl an Beispielsätzen aus allen Bereichen, von Tagespresse und Werbung bis hin zu Fachliteratur und Romanen. Und das stets mit exakten Quellenangaben! Ein Blick auf die ausführlichen Quellenverzeichnisse in jedem Band verdeutlicht dies, Sie werden staunen, was sich da von der Bibel bis zu *Harry Potter* und der *Yomiuri shinbun* alles tummelt. Viele dieser Quellen waren zu der Zeit, als wir 1998 mit der Arbeit begannen, noch nicht digitalisiert. Das mussten wir also erst einmal selber tun und uns einen stetig wachsenden Grundstock an Material erarbeiten, um unsere Beispiele zu finden. Die Bibel und *Harry Potter*? Die sind doch gar keine japanischen Quellen, oder? Natürlich nicht, so wenig, wie sie im Original deutsch sind. Und dennoch sind sie für uns – auch das ist innovativ und hat einige japanische Germanisten zunächst stutzig gemacht – Teil des japanischen Kanons bzw. Allgemeinwissens und Alltagsdiskurses, und als solche Beispiele für den Sprachgebrauch, die wir nicht links liegenlassen. Manch einer wird auch staunen, wie viele Varianten für ein japanisches senschaftliche Buchgesellschaft, 12. Auflage 1989, S. 180–189.

Brüder Grimm, Henzeru — 「ヘンゼルとグレーテル」『グリム童話名作集　森の小人』楠山正雄編著. 小峰書店 (世界おとぎ文庫 11), 1949, S. 54–75 — Hänsel und Gretel. In: Kinder- und Hausmärchen, gesammelt durch die Brüder Grimm. Darmstadt: Wissenschaftliche Buchgesellschaft, 12. Auflage 1989, S. 116–125.

Brüder Grimm, Henzeru 2 — 「ヘンゼルとグレーテル」『完訳グリム童話集 1』金田鬼一訳. 岩波書店 (岩波文庫 赤 413–1), 2003 (43. Druck der veränderten Ausgabe 1979), S. 156–172 — Hänsel und Gretel. In: Kinder- und Hausmärchen, gesammelt durch die Brüder Grimm. Darmstadt: Wissenschaftliche Buchgesellschaft, 12. Auflage 1989, S. 116–125.

Brüder Grimm, Hoshi no ginka — 「星の銀貨」『グリム童話名作集　森の小人』楠山正雄編著. 小峰書店 (世界おとぎ文庫 11), 1949, S. 320–323 — Die Sterntaler. In: Kinder- und Hausmärchen, gesammelt durch die Brüder Grimm. Darmstadt: Wissenschaftliche Buchgesellschaft, 12. Auflage 1989, S. 666–668.

Brüder Grimm, Jūni-nin kyōdai — 「十二人兄弟」『完訳グリム童話集 1』金田鬼一訳. 岩波書店 (岩波文庫 赤 413–1), 2003 (43. Druck der veränderten Ausgabe 1979), S. 105–115 — Die zwölf Brüder. In: Kinder- und Hausmärchen, gesammelt durch die Brüder Grimm. Darmstadt: Wissenschaftliche Buchgesellschaft, 12. Auflage 1989, S. 80–84.

Brüder Grimm, Kaeru no ō-sama 2 — 「蛙の王さま」『完訳グリム童話集 1』金田鬼一訳. 岩波書店 (岩波文庫 赤 413–1), 2003 (43. Druck der veränderten Ausgabe 1979), S. 17–25 — Der Froschkönig oder der eiserne Heinrich. In: Kinder- und Hausmärchen, gesammelt durch die Brüder Grimm. Darmstadt: Wissenschaftliche Buchgesellschaft, 12. Auflage 1989, S. 39–43.

Brüder Grimm, Ōkami — 「おおかみと七ひきのこどもやぎ」『グリム童話名作集　森の小人』楠山正雄編著. 小峰書店 (世界おとぎ文庫 11), 1949, S. 45–53 — Der Wolf und die sieben jungen Geißlein. In: Kinder- und Hausmärchen, gesammelt durch die Brüder Grimm. Darmstadt: Wissenschaftliche Buchgesellschaft, 12. Auflage 1989, S. 63–65.

Brüder Grimm, Runperu — 「ルンペルシュチルツヒェン」『グリム童話名作集　森の小人』楠山正雄編著. 小峰書店 (世界おとぎ文庫 11),1949, S. 237–246 — Rumpelstilzchen. In: Kinder- und Hausmärchen, gesammelt durch die Brüder Grimm. Darmstadt: Wissenschaftliche Buchgesellschaft, 12. Auflage 1989, S. 314–317.

Buchheim, U-bōto (1977) — ロータル＝ギュンター・ブーフハイム著『Uボート』松谷健二訳. 早川書房 (ハヤカワ文庫NV 616 u. 617), 1992 (3. Druck der Ausgabe 1991), 2 Bde. — Buchheim, Lothar-Günther (1973): Das Boot. Roman. München: Piper. 4. Auflage.

文化出版局編『服飾辞典』文化出版局, 1983 (5. Druck der 1. Auflage 1979).

Bußmann, Hadumod (1990): Lexikon der Sprachwissenschaft. Zweite, völlig neu bearbeitete Auflage. Stuttgart: Kröner (Kröners Taschenausgabe; 452).

Camus, Ihōjin — カミュ著『異邦人』窪田啓作訳. 新潮社 (新潮文庫 カ 2–1), 2008 (121. Druck; identisch mit dem 98. (1995), veränderten Druck der Ausgabe 1954). — Camus, Albert (2009): Der Fremde. Roman. In neuer Übersetzung von Uli Aumüller. Reinbek bei Hamburg: Rowohlt Taschenbuch Verlag (rororo; 22189). 62. Auflage.

Capote, Tifanī (1960) — カポーティ著「ティファニーで朝食を」『ティファニーで朝食を』龍口直太郎訳. 新潮社 (新潮文庫 カ 3–1), 2008 (75. Druck, identisch mit dem 40. (1988), veränderten Druck der Ausgabe 1968), S. 7–156 — Capote, Truman. Frühstück bei Tiffany. Deutsch von Hansi Bochow-Blüthgen. In: Ders. (2006): Frühstück bei Tiffany. Ein Kurzroman und drei Erzählungen. Reinbek bei Hamburg: Rowohlt (rororo; 10459). 43. Auflage.

地学団体研究会地学事典編集委員会編『増補改訂地学事典』平凡社, 1990 (10. Druck der verbesserten Auflage 1981).

Chūgaku-sūgaku (1998) — 旺文社編『旺文社中学数学解法辞典』旺文社. Neuauflage 1998 der verbesserten Auflage 1992.

Chūnichi — 『中日新聞』Nagoya.

Cole, Theodor C. H. (2000): Wörterbuch der Tiernamen. Latein-Deutsch-Englisch. Deutsch-Latein-Englisch. Heidelberg: Spektrum.

Ausschnitte aus GJDW, Band 3: Quellenverzeichnis

Dazai, Ōtō (1948) — 太宰治著「桜桃」『ヴィヨンの妻』新潮社 (新潮文庫 た 2–3), 1998 (92. Druck; identisch mit dem 63. (1985), veränderten Druck der Ausgabe 1950), S. 159–168 — Dazai, Osamu: Kirschen. In: Ders. (1992): Das Gemeine und andere Erzählungen. Aus dem Japanischen übersetzt von Stefan Wundt und Fumiya Hirataka, München: Iudicium, S. 239–245.

Dazai, Sado (1941) — 太宰治著「佐渡」『きりぎりす』新潮社 (新潮文庫 草 6 M), 1974, S. 157–175 — Dazai, Osamu: Sado. Aus dem Japanischen von Jutta Marlene Vogt. In: Hefte für ostasiatische Literatur (München) 35 (2003), S. 47–60.

Dazai, Shayō (1947) — 太宰治著『斜陽』新潮社 (新潮文庫 た 2–2), 2008 (116. Druck; identisch mit dem 104. (2003), veränderten Druck der Ausgabe 1950) — Dazai, Osamu: Die sinkende Sonne. Roman. Originalübersetzung aus dem Japanischen von Oscar Benl. München: Hanser, 1958.

Dazai, Shin'yū-kōkan (1946) — 太宰治著「親友交歓」『ヴィヨンの妻』新潮社 (新潮文庫 た 2–3), 1998 (92. Druck; identisch mit dem 63. (1985), veränderten Druck der Ausgabe 1950), S. 7–32 — Dazai, Osamu: Ein Besucher. Übertragung ins Deutsche von Monique Humbert (aus dem Englischen). In: Nippon. Moderne Erzählungen aus Japan von Mori Ogai bis Mishima Yukio. Auswahl und Einleitung von Ivan Morris. Zürich: Diogenes, 1965, S. 487–507.

Dazai, Shin'yū-kōkan 2 (1946) — 太宰治著「親友交歓」『ヴィヨンの妻』新潮社 (新潮文庫 た 2–3), 1998 (92. Druck; identisch mit dem 63. (1985), veränderten Druck der Ausgabe 1950), S. 7–32 — Dazai, Osamu: Alte Freunde. Aus dem Japanischen übersetzt und mit einem Nachwort versehen von Jürgen Stalph. Mit sieben Illustrationen von Susanne Theumer. Löhne: cass (cass schilfboot, 2), 2017.

Dazai, Viyon (1947) — 太宰治著「ヴィヨンの妻」『ヴィヨンの妻』新潮社 (新潮文庫 た 2–3), 1998 (92. Druck; identisch mit dem 63. (1985), veränderten Druck der Ausgabe 1950), S. 87–122 — Dazai, Osamu: Die Frau Villons. Aus dem Japanischen von Jürgen Berndt. In: Träume aus zehn Nächten. Japanische Erzählungen des 20. Jahrhunderts. Ausgewählt und mit einem Nachwort versehen von Jürgen Berndt. Zürich: Theseus (Zürcher Reihe Japanische Literatur), 1992, S. 227–250.

デジタル・クリエイターズ連絡協議会編『マルチメディア事典』朝日新聞社, 1994.

Der Brockhaus Wirtschaft. Betriebs- und Volkswirtschaft, Börse, Finanzen, Versicherungen und Steuern. 2., überarbeitete Auflage. Herausgegeben von der Lexikonredaktion des Verlags F. A. Brockhaus, Mannheim. Leipzig: Brockhaus, 2008.

Dettmer, Hans A. (1981): Liste der Regierungszeiten und Ära-Bezeichnungen. Eine Revision. In: Oriens extremus (Wiesbaden) 28, S. 232–249.

Dettmer, Hans A. (1987): Einführung in das Studium der japanischen Geschichte. Darmstadt: Wissenschaftliche Buchgesellschaft (Orientalistische Einführungen).

Deutsches Sprichwörter-Lexikon. Ein Hausschatz für das deutsche Volk. Herausgegeben von Karl Friedrich Wilhelm Wander. Kettwig: Akademische Verlagsgesellschaft Athenaion, 1987. 5. Bde. Unveränderter fotomechanischer Nachdruck der Ausgabe Leipzig 1867.

Ausschnitte aus GJDW, Band 3: Quellenverzeichnis

Wort sich im Deutschen finden lassen. Das liegt u. a. daran, dass wir auch geographische Varianten, z. B. Austriazismen oder Schweizer Sonderformen, berücksichtigen. Das Deutsche ist ja nicht an Ländergrenzen gebunden. Deshalb wird *jagaimo* nicht nur mit „Kartoffel", sondern auch mit „Erdapfel", „Grundbirne" und „Grumbeere" übersetzt. Und *akabō*, Erstbedeutung: „die rote Mütze oder Kappe", heißt in der Zweitbedeutung u. a. „der Bahnhofsgepäckträger, der Gepäckträger oder *schweiz.* der Porteur".

Apropos Vorarbeiten: Dazu gehörte natürlich erst einmal die Rekrutierung von Mitarbeitern, selbstverständlich ohne Berücksichtigung des Geschlechts, daher im Genus commune genannt, der von der Sprache her gesehen nominalen Ausgangs- und Urform. Der erste Schritt war, dass wir sämtliche uns bekannten Japanologen aus dem deutschen Sprachraum – es waren weit über 200 – persönlich anschrieben und dazu einluden, am Werk in welcher Form auch immer mitzuwirken. Der Rücklauf war ermutigend, und um es kurz zu machen: Die teils von Band zu Band wechselnde Liste der Beiträger ist lang und findet sich jeweils auf den ersten Seiten des Wörterbuchs unter den Rubriken Redaktion, Beiträger, Korrekturleser und Weitere Mitarbeit. Man sieht, dies ist ein Gemeinschaftswerk vieler begeisterter Sprachfreunde, die in verschiedenen Ländern sitzen.

In meinem kurzen Rückblick auf den Werdegang des Projekts gehe ich nicht weiter auf all die vielen Einzelaufgaben ein, etwa die Suche nach einem geeigneten Verlag in Japan und in Deutschland. In beiden Ländern verhandelte das Herausgeberteam mit den einschlägig ausgewiesenen großen Verlagen. Dass wir schließlich doch beim damaligen Hausverlag des DIJ, dem Iudicium Verlag, landeten, war nicht vorherzusehen. Aber keiner der großen

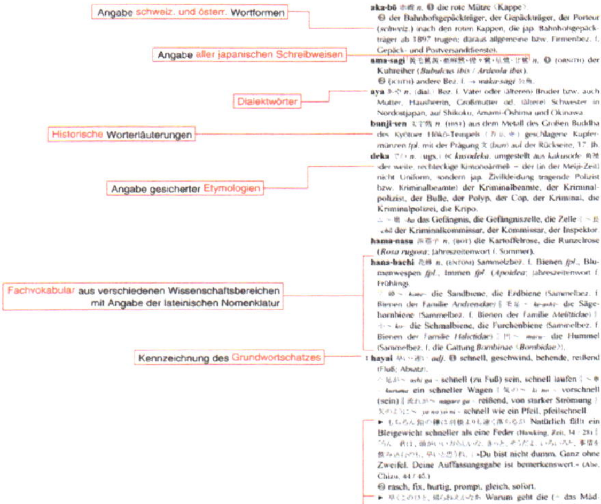
Angabe schweiz. und österr. Wortformen
Angabe aller japanischen Schreibweisen
Dialektwörter
Historische Worterläuterungen
Angabe gesicherter Etymologien
Fachvokabular aus verschiedenen Wissenschaftsbereichen mit Angabe der lateinischen Nomenklatur
Kennzeichnung des Grundwortschatzes

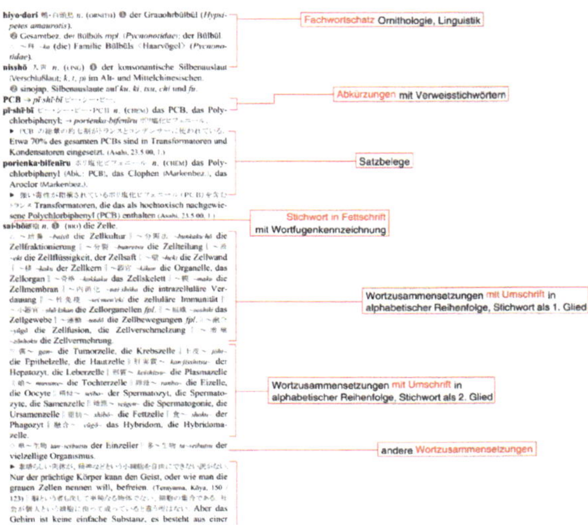
Fachwortschatz Ornithologie, Linguistik
Abkürzungen mit Verweisstichwörtern
Satzbelege
Stichwort in Fettschrift mit Wortfugenkennzeichnung
Wortzusammensetzungen mit Umschrift in alphabetischer Reihenfolge, Stichwort als 1. Glied
Wortzusammensetzungen mit Umschrift in alphabetischer Reihenfolge, Stichwort als 2. Glied
andere Wortzusammensetzungen

Herausgeber	編者
Jürgen Stalph	ユルゲン・シュタルフ
Irmela Hijiya-Kirschnereit	イルメラ・日地谷=キルシュネライト
Wolfgang E. Schlecht	ヴォルフガング・E・シュレヒト
Kōji Ueda	上田浩二

Redaktion	編集委員
Jürgen Stalph	ユルゲン・シュタルフ
Barbara Altmiks	バーバラ・アルトミクス
Petra Buchholz	ペトラ・ブーフホルツ
Katja Cassing	カティア・カッシング
Lucia Schwellinger	ルツィア・シュヴェリンガー
Harald Suppanschitsch	ハラルド・スパンシチ

Beiträger	執筆者
Yukiko Aizu-Hofmaier	会津=ホーフマイヤー由紀子
Motomu Akazawa	赤澤元務
Barbara Altmiks	バーバラ・アルトミクス
Yoshiko Anegawa	姉川佳子
Annegret Bergmann	アネグレート・ベルクマン
Petra Buchholz	ペトラ・ブーフホルツ
Katja Cassing	カティア・カッシング
Agnes Fink-von Hoff	アグネス・フィンク=フォン=ホッフ
Sigrun Garthe	ズィーグルン・ガルテ
Ulrich Goch	ウルリヒ・ゴッホ
Takeo Harada	原田武雄
Peter J. Hartmann	ペーター・J・ハルトマン
Matthias Hoop	マティアス・ホープ
Birgit Ikeda	池田ビルギット
Katrin Kusunoki	楠カトリン
Hans Peter Liederbach	ハンス・ペーター・リーダーバッハ
Gisela Ogasa	ギーゼラ・オガーザ
Matthias Pfeifer	マティアス・ファイファー
Peter Raff	ペーター・ラフ
Wolfgang E. Schlecht	ヴォルフガング・E・シュレヒト
Konstanze Schmäler	コンスタンツェ・シュメーラ
Lucia Schwellinger	ルツィア・シュヴェリンガー
Jürgen Stalph	ユルゲン・シュタルフ
Armin Stein	アルミン・シュタイン
Harald Suppanschitsch	ハラルド・スパンシチ
Iris Vogel	イーリス・フォーゲル
Michael Wachutka	ミヒャエル・ヴァフットカ
Felix Wagner	フェーリクス・ヴァーグナー
Robert F. Wittkamp	ローベルト・F・ヴィットカンプ
Rosa Wunner	ローザ・ヴナ

Korrekturleser	校正者
Motomu Akazawa	赤澤元務
Takeo Harada	原田武雄
Kōzō Hirao	平尾浩三
Tatsuji Iwabuchi	岩淵達治
Eijirō Iwasaki	岩﨑英二郎
Shōko Kishitani	岸谷敞子
Kaoru Kōda	幸田　薫
Yūji Nakajima	中島悠爾
Elisabeth Schaidhammer	エリザベット・シャイトハンマー
Takashi Sengoku	千石　喬
Teruko Takamiya	高宮輝子
Tomoki Tsuji	辻　朋季

Weitere Mitarbeit	協力者
Kyōko Abe	阿部恭子
Shōko Akao	赤尾祥子
Harald Bauer	ハラルド・バウアー
Frank Böhling	フランク・ベーリング
Miki Inoue	井上美紀
Shōko Kashiwagi	柏木彰子
Hiromi Kigawa-Schlecht	木川=シュレヒト弘美
Christoph Petermann	クリストフ・ペーターマン
Noriko Shindō	新藤紀子
Teruko Takamiya	高宮輝子
Chieko Tanaka	田中千恵子
Asako Urakawa	浦川朝子
Yoriko Yamada-Bochynek	山田=ボヒネク頼子

GJDW, Band 1, Ausschnitt aus dem Vorspann

Lexikonverlage in Deutschland oder Japan hätte uns beispielsweise die Arbeitstools, angefangen bei den zu schaffenden Sonderzeichen, die das besonders übersichtliche Druckbild des Wörterbuchs auszeichnen, bis hin zur Eingabemaske erstellt, zumal sie selber seinerzeit auch für europäische Sprachen mit der Digitalisierung der Arbeitsabläufe noch ganz in den Anfängen standen.

Was die Zusammenstellung eines arbeitsfähigen Teams angeht, bedurfte es einiger Erfahrung. Lexikographie ist eine Disziplin, die eher ein Schattendasein führt, obwohl sie neben gründlicher Vertrautheit mit Ausgangs- und Zielsprache und linguistischem Sachverstand auch Kreativität und Entdeckerlust voraussetzt. Es galt, die Personen zu identifizieren, die neben dieser seltenen Kombination von Eigenschaften auch die nötige Lernbereitschaft und Resilienz mitbrachten, um sich der jahrelangen Kärrnerarbeit zu stellen. Kärrnerarbeit sage ich jetzt, auch wenn es gerade diejenigen, die jahraus, jahrein unverdrossen und mit immer wieder neuer Begeisterung die täglichen Tauchgänge ins Meer zweier Sprachen absolvierten, hoffentlich nur dann so empfunden haben, wenn sie sich daran erinnerten, dass sie selber gern wieder übersetzen und schreiben würden, eine Arbeit, die für lange Zeit hintangestellt werden musste. Als wir ab 2006 damit begannen, die an verschiedenen Standorten arbeitenden Redakteurinnen und Artikelschreiber zu jährlichen Workshops zusammenzurufen, stand das erste Treffen unter dem Titel: „Qualität kommt von Qual“ – eine ironische Anspielung nicht nur auf die Besonderheit des Wörterbuchs, auch gesicherte Etymologien beizusteuern, was dieser Titel natürlich hintertreibt! Zugleich aber ein augenzwinkerndes Einverständnis im Wissen um die Mühsal, die Wörterbucharbeit auch bedeutet.

Doch zurück zur Anfangsphase: Wir experimentierten mit den komplexen Arbeitsabläufen und erprobten diverse Formen der Zuarbeit. Und währenddessen galt es, Förderer zu gewinnen, ein kleines Abenteuer für sich, das mir Gelegenheit verschaffte, viele Chefetagen in Deutschland und einige in Japan kennenzulernen und die Stiftungslandschaft in beiden Ländern zu durchforsten. Nur etwa zehn Prozent der kontaktierten potentiellen Förderer meldeten sich zurück, und wenn es zu einer persönlichen Vorstellung kam, geschah es nicht selten, dass ich selber gewissermaßen auf Herz und Nieren geprüft wurde. Gefragt, gejagt, das Wort „Challenge" hatte noch keinen Einzug ins Deutsche gehalten, das kam später. Immerhin aber ließen sich insgesamt 27 Förderer auf das Wagnis ein. Und wir waren im Wort!

Eine weitere Liste im GJDW enthält die Förderer, in gewisser Staffelung, was sich sowohl auf den Umfang der Förderung, aber auch auf die Bedeutung für das Wörterbuchprojekt bezieht. Denn die Individualförderer Klaus Lindhorst (Hamburg) und Ono Kōtarō (Atami), hier anwesend, haben mit ihrem unerschrockenen Einsatz in beträchtlichen Summen den Start des Projekts überhaupt erst möglich gemacht und auch später noch einmal geholfen, eine Durststrecke zu überbrücken. Und Frau Aimée Dornier, ebenfalls und in Doppelfunktion anwesend, hat, wie die FU Berlin, die Fritz Thyssen Stiftung sowie die VolkswagenStiftung, das Wörterbuch in entscheidenden Phasen und teilweise wiederholt durch ihre Zuwendungen am Leben erhalten. Die Deutsche Forschungsgemeinschaft schließlich hat uns den Abschluss des Werks ermöglicht. Und so nutze ich die Gelegenheit, ihnen allen wie auch all den anderen Förderern von ganzem Herzen zu danken für ihr Vertrauen und ihre Langmut.

Förderer

Aimée Dornier (München)
Klaus Lindhorst (Hamburg)
Dr. h.c. Kōtarō Ono CBE (Atami)

Freie Universität Berlin (Berlin)
Deutsche Forschungsgemeinschaft (DFG) (Bonn)
Fritz Thyssen Stiftung (Köln)
VolkswagenStiftung (Hannover)

Asahi Bīru K.K. (Tokyo) · Robert Bosch GmbH (Stuttgart) · Daimler-Chrysler Japan K.K. (Tokyo)
Deutsche Bahn AG (Berlin) · Stiftungsfonds Deutsche Bank im Stifterverband für die
Deutsche Wissenschaft e.V. (Essen) · Deutsches Institut für Japanstudien (Tokyo)
Peter Dornier Stiftung (Lindau/Bodensee) · Japan Foundation, Japanese-Language Institute (Urawa)
Körber Stiftung (Hamburg) · Berthold Leibinger Stiftung (Stuttgart) · Nippon Yūsen K.K. (Tokyo)
Non-Profit-Corporation BIG-S International (Takamatsu) · Siemens AG (München)
Siemens K.K. (Tokyo) · Sony K.K. (Tokyo) · Toshiba International Foundation (Tokyo)
TÜV Rheinland Japan (Yokohama) · Verband Deutscher Pfandbriefbanken e.V. (Berlin)
Volkswagen AG (Wolfsburg) · Zeit-Stiftung Ebelin und Gerd Bucerius (Hamburg)

助成

エメー・ドルニエー氏 （ミュンヘン）
クラウス・リンドホルスト氏 （ハンブルク）
小野光太郎氏 CBE名誉博士 （熱海）

ベルリン自由大学
ドイツ研究振興協会（ボン）
フリッツ・チュッセン財団（ケルン）
フォルクスワーゲン財団（ハノーファー）

アサヒビール（株）（東京）・ボッシュ（シュトウットガルト）・ダイムラー・クライスラー日本（株）（東京）
ドイチェ・バーンAG（ベルリン）・ドイツ銀行（フランクフルト）・ドイツ-日本研究所（東京）
ペーター・ドルニエー財団（リンダウ・ボーデン湖）・国際交流基金 日本語国際センター（浦和）
ケルバー財団（ハンブルク）・ライビンガー財団（シュトウットガルト）・日本郵船（株）（東京）
非営利株式会社ビッグ・エス インターナショナル（高松）・シーメンス AG（ミュンヘン）
シーメンス K.K.（東京）・ソニー（株）（東京）・東芝国際交流財団（東京）
チュフ ラインランド ジャパン（株）（横浜）・ドイツファンドブリーフ銀行協会（ベルリン）
フォルクスワーゲンAG（ヴォルフスブルク）・ツァイト財団（ハンブルク）

Schwierigkeiten und Durststrecken blieben uns dennoch nicht erspart. Und das trotz mancher Bestätigung. Schon am Ende meiner Dienstzeit am DIJ 2004 schlug nach der einstimmig positiven Evaluation des Projekts der Beiratsvorsitzende vor, zur Unterstützung des Projekts und zu seiner Beschleunigung noch eine zweite Vollzeitstelle aus dem Institutsetat dafür bereitzustellen, was aber nicht geschah. Rundum positiv waren auch die zahlreichen Evaluationen fördernder Stiftungen und des Wissenschaftsrats und ein umfangreiches, begeistertes Echo in der Tagespresse und den Fachorganen, als der erste Band 2009 erschien. Auch half uns Unterstützung von berufener Stelle mit Befürwortungsschreiben, formuliert etwa vom damaligen Präsidenten des Goethe Instituts, Hilmar Hoffmann, vom Gründungs-Secretary General des European Research Councils, Ernst-Ludwig Winnacker, vom Vizepräsidenten des Deutschen Bundestages, Wolfgang Thierse, oder vom Präsidenten der Berlin-Brandenburgischen Akademie der Wissenschaften (BBAW), Günter Stock.

Allerdings gab es, wie erwähnt, auch Gegenwind und haarsträubende Animositäten. So entschied zum Beispiel mein Nachfolger am DIJ, sich von dem Projekt zu trennen, das als ein Leuchtturmprojekt des Instituts geplant war. Er entschied, es „an seine Initiatoren zurück" zu geben. Die Lage war schwierig. Ich zitiere aus einem Artikel des ehemaligen Japan-Korrespondenten der *Süddeutschen Zeitung*, Gebhard Hielscher, vom 2. Februar 2010:

> „Gerettet werden konnte das Wörterbuch nur, weil es Hijiya-Kirschnereit – jetzt Japanologie-Professorin an der Freien Universität Berlin – gelang, das aus dem DIJ hinauskatapultierte Japan-Wörterbuch als FU-Projekt anerkannt zu bekommen; weil Peter Kapitza, der Inhaber des Iudicium Verlags, bereit war, das Projekt mit beträchtlichen Eigenmitteln am Leben zu halten; weil Jürgen

> Stalph, das lexikographische Rückgrat des Japan-Wörterbuchs, und die zahlreichen Mitarbeiter unbeirrt weitergemacht haben; und nicht zuletzt weil viele gewichtige Förderer – deutsche und japanische – das Projekt sehr tatkräftig unterstützen." (SZ, 02.02.2010)

Die öffentliche Kritik am Werk betraf übrigens nie dessen Inhalt, beispielsweise sein Konzept oder die Wortauswahl, sondern im Wesentlichen zwei Punkte: zum einen die **Dauer, die es bis zur Fertigstellung brauchte**. Was

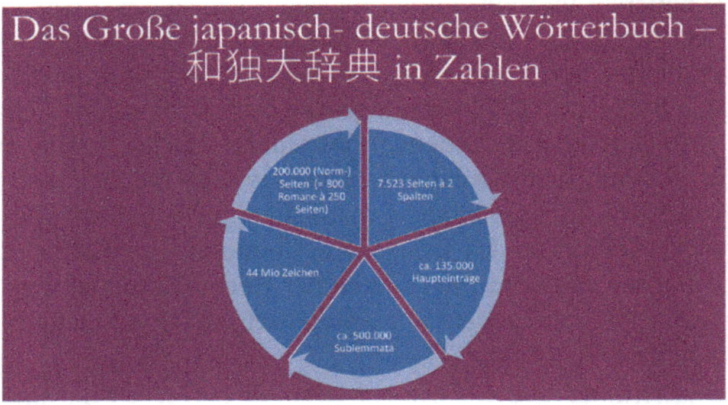

ist eine angemessene Zeit für ein Werk, das 44 Mio Zeichen umfasst, gut 7 500 Seiten à 2 Spalten oder 200 000 Norm-Seiten. Das wären 800 Romane à 250 Seiten. Es enthält an die 135 000 Haupteinträge und ca. eine halbe Million Sublemmata. Übrigens, bei dieser Gelegenheit können wir auch schon den Einwand wegwischen, das Wörterbuch sei zu teuer. Welchen Ladenpreis würden Sie denn für 800 Romane ansetzen?

Natürlich sind nicht alle Wörter der japanischen Sprache der Moderne und Gegenwart aufgenommen worden. Da mussten wir sieben, denn anfangs hatten wir auf der Basis japanischer Wortschätze gut 2 Millionen Lemmata gesammelt, die dann wieder ausgekämmt werden musste. Natürlich nach nachvollziehbaren Kriterien, vor allem nach Häufigkeit. Egal, unter welchen Bedingungen ein solches Werk entsteht –, die Zahlen sprechen eigentlich für sich. Natürlich ist nicht allein die Masse entscheidend, es sollte um Qualität gehen. Deshalb die Qual! Trösten wir uns doch mit einigen Beobachtungen zu halbwegs vergleichbaren Unternehmungen.

Zur Geschichte des *Oxford English Dictionary* heißt es:

> „It was estimated that the project would be finished in approximately ten years. Five years down the road, when Murray and his colleagues had only reached as far as the word ‚ant', they realized it was time to reconsider their schedule."
> (aus der Geschichte des *Oxford English Dictionary*, https://public.oed.com/history/)

Beim Stichwort „ant" – „Ameise" kommt mir doch gleich das hübsche Gedicht von Joachim Ringelnatz mit dem Titel „Die Ameisen" in den Sinn:

> Die Ameisen
>
> In Hamburg lebten zwei Ameisen,
> Die wollten nach Australien reisen.
> Bei Altona auf der Chaussee,
> Da taten ihnen die Beine weh,
> Und da verzichteten sie weise
> Dann auf den letzten Teil der Reise. …

Zumindest haben wir Wörterbuch-Macher nicht aufgegeben wie die Ringelnatz-Ameisen.

Wir sind also in guter Gesellschaft auch beim langen Atem in der Zeitschiene: 1993 begann man mit der Überarbeitung des *Oxford English Dictionary* und plante die 3. Ausgabe für 2005; 17 Jahre später ist die Redaktion erst auf der Hälfte der Wegstrecke, lässt sich aber nicht beirren!

Und nun zum zweiten Kritikpunkt, dem immer wieder geäußerten Vorwurf, das GJDW sei nicht zeitgemäß, da es ja als **Printausgabe, in Buchform**, vorgelegt werde. Merkwürdig, auch hier spielt der Inhalt selbst gar keine Rolle. Diesem Vorwurf kann jedoch rasch begegnet werden. Denn was Carol Gluck, unsere geschätzte Kollegin, Japan-Historikerin von der Columbia Universität, zu Enzyklopädien schreibt, gilt genauso für unser Wörterbuch:

> „Those who argue that the age of the general encyclopedia is now at its end because of the advent of electronic publishing mistake the medium for the message."
> Carol Gluck: „The Fine Folly of the Encyclopedists", in: „Currents in Japanese Culture: Translations and Transformations." Ed. Amy Vladeck Heinrich, Columbia UP 1997, 223–251, hier p. 247.

Doch unser GJDW gibt es schon vom ersten Band an in einer kostenfreien Online-Fassung, übrigens vom Verlag selbst und auf seine Kosten ein Jahr nach der Druckfassung ins Netz gestellt. Warum? Weil es ab einem bestimmten Zeitpunkt eine Vorbedingung für die Förderung durch deutsche Stiftungen war. Und weil wir alle, die wir uns diesem Projekt verpflichtet fühlten, gewillt waren, es zu Ende zu bringen und nicht wie die Ringelnatzschen Ameisen zu enden! Mit dem dritten Band wird ebenso verfahren werden. (Anm. d. Redaktion: Auch dieser Band ist inzwischen online verfügbar.)

Und daher ist nun noch ein großer Dank an den Verlag fällig, ohne den dieses Projekt gar nicht existieren würde. Dass wir ohne das Dach einer entsprechenden Institution – denn ein kleines Universitätsinstitut ohne dafür geschaffene Stellen ist nicht als solche zu sehen – das GJDW umsetzen konnten, das ist ganz wesentlich dem, trotz vieler Durststrecken und Krisen, letztlich doch erfolgreichen Zusammenspiel von hartnäckigen und frustrationsresistenten Mitarbeitern, privaten und öffentlichen Förderern in Deutschland und Japan und dem außergewöhnlichen Einsatz des Verlags zu verdanken. Zuallerletzt ist der Durchhaltewille von Dr. Peter Kapitza, dem Verlagsleiter bis 2016, ausschlaggebend gewesen, denn ohne ihn hätte es für das Projekt keine Zukunft und Heimat gegeben. Dass der Verlag, der eben keinen Druckkostenzuschuss bekam, sondern die Entwicklung von Software für das Projekt und vieles andere, darunter die Finanzierung einer eigenen Vollzeit-Stelle über viele Jahre, zu schultern hatte, dadurch fast in die Knie gezwungen worden wäre, kann man sich schon vorstellen. Wir sind besonders dankbar, dass Dr. Kapitza bis zum Abschluss dem Projekt weiter täglich aktiv verbunden war in einer Weise, die weit hinausgeht über das, was der Verlag auf seiner Impressumsseite angibt! Doch auch der Einsatz der Verlagsredaktion durch Elisabeth Schaidhammer und Takamiya Teruko sowie durch die Nachfolgerin in der Verlagsleitung, Frau Aimée Dornier, die das Projekt zuvor schon durch persönliche Zuwendungen am Leben hielt, beruht, wie wir in engem Kontakt immer wieder erfahren haben, auf jahrelanger großzügiger Selbstausbeutung!

Und so überwiegt nun die große Freude und Dankbarkeit, dass es gelungen ist, das Werk mit vereinten Kräften fertigzustellen. So gern ich Ihnen aus meiner eigenen Nutzerpraxis noch Beispiele vorgeführt hätte, an denen Sie meine Begeisterung für die neuen Möglichkeiten, die uns dieses Werk eröffnet, vielleicht hätten teilen können, läuft doch meine Zeit für diesen Bericht jetzt ab. So dass ich nur noch zwei Wünsche äußern möchte: Zum einen den Wunsch, dass sich alle, die dieses ungewöhnliche deutsch-japanische Gemeinschaftswerk bisher noch nicht kannten, aber auch diejenigen, die meinten, ohne es auskommen zu können, anstecken lassen von der Freude darüber, dass es nun vorliegt. Vielleicht findet ja auch jemand einen so hübschen Kosenamen wie die Nutzer des besten japanisch-englischen Wörterbuchs auf dem Markt, die dankbar sind für dieses gedruckte Werk mit dem grünen Cover und es zärtlich die „Green Goddess“, die „grüne Göttin“ nennen. Wenngleich „der Kenkyūsha“, an dem

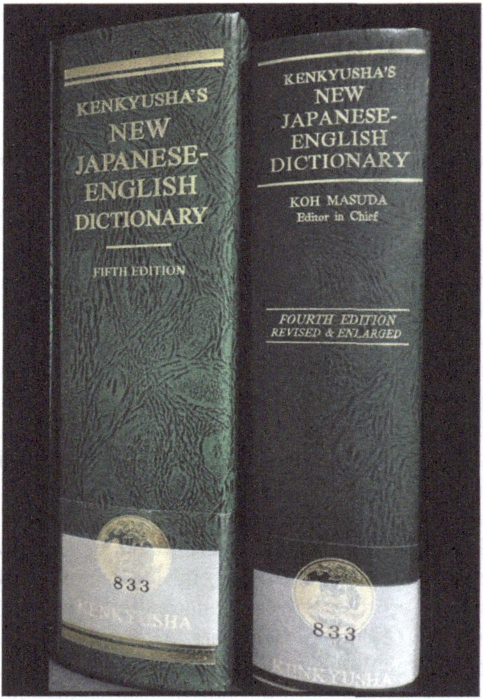

„The Green Goddess“
Kenkyūsha's New Japanese English Dictionary, hg. v. Masuda Kō in der 4. Auflage von 1974 und der völlig neu bearbeiteten 5. Auflage von 2003

wir uns als einem der größten zweisprachigen Wörterbücher für Japanisch natürlich von Anfang an auch orientiert haben, auch mit seiner Neuausgabe von 2003 in Umfang, Aktualität, Tiefenerschließung und Extras nicht annähernd mit dem GJDW mithalten kann. Wie wäre es mit einem eigenen Spitznamen für unseren Dreibänder, nach dem Muster „nachtblaue Schatzkiste", oder „der blaue Divan", aber ich bin sicher, da findet sich noch etwas Gewitzteres.

Der zweite Wunsch: dass viele von uns, die das GJDW nutzen, eine Erfahrung machen, wie sie der Autor Rainer Moritz bei der Lektüre der neuesten Duden-Ausgabe beschreibt. Und ich zitiere:

> „Wer auf den Geschmack gekommen ist, wird davon nicht mehr lassen. Wo die Lektüre von dicken Romanen Mühsal bereitet und man bisweilen nach den ersten Seiten vorhersieht, was in den nächsten Kapiteln passieren wird, stecken Wörterbücher voller Überraschun-

Großes japanisch-deutsches Wörterbuch – 和独大辞典. Band 1: A–I (2009), Band 2: J–N; Band 3: O–Z (2022). München: Iudicium Verlag

> gen und laden dazu ein, von einem Buchstaben zum anderen zu springen, sich zu wundern, den Kopf zu schütteln, begeistert aufzulachen oder gar an sich selbst zu zweifeln."
> (Rainer Moritz: „Ei der Daus: Die Kaltmamsell serviert einen Hugo! Freuden und Leiden mit dem neuen Duden", in: *Neue Zürcher Zeitung*, 20.08.2020.)

Ist das nicht ein schöner Grund, abgesehen von seinem enormen Nutzen als Arbeitstool, das Wörterbuch durchzublättern?

Mishima Kenichi
Universität Osaka

Auf der Leber sitzen? – Zur monumentalen Leistung des GJDW in der Kulturpolitik

Sehr geehrter Herr Botschafter von Goetze, sehr verehrte Frau Hijiya-Kirschnereit, liebe Irmela, sehr verehrte Mitherausgeber, meine Damen und Herren!

Sicherlich sind heute Abend vorab nicht wenige Gäste durch den Titel meines Vortrags etwas irritiert worden: „Auf der Leber sitzen"? Was heißt das? Im Deutschen gibt es so eine Redewendung doch gar nicht. „Sitzen" kann man z. B. auf einem Pulverfass. Die ganze Menschheit sitzt angesichts der Ukraine-Krise derzeit auf einem Pulverfass. Oder: In der Kneipe sagt man etwa „Du sitzt auf dem Trockenen." Wenn Sie aber, verehrte Gäste, in die Übersetzungsmaschine von Google die gängige japanische Redewendung *kare wa kimo ga suwatteiru* (彼は肝が座っている) eingeben, dann erhalten Sie als Resultat eben jenen unsinnigen deutschen Satz: „Er sitzt auf der Leber." Wenn Sie nun das *Große japanisch-deutsche Wörterbuch*, dessen Vollendung wir heute Abend gemeinsam feiern, konsultieren, erhalten Sie unter dem Stichwort *kimo*, welches „die Leber" bezeichnet, verschiedene idiomatische Ausdrücke, die mit diesem Begriff in Zusammenhang stehen, darunter die vorhin erwähnte Redewendung, die jeder Japanisch-Sprecher kennt und für die folgende Übersetzungsvorschläge angeboten werden: „(durch nichts) aus der Ruhe zu bringen sein, sich durch nichts erschüttern lassen, gute bzw. starke Nerven haben, Nerven wie Drahtseile haben". Einen Ausdruck wie „auf der Leber sitzen" findet man hier natürlich nicht. Man könnte, wenn man wollte, die Redewendung auf Deutsch wortgetreu etwa so wiedergeben: „Bei ihm sitzt die Leber gut." Vielleicht versteht man diesen Satz mit etwas Phantasie in der Richtung, auf welche die angegebenen Paraphrasen im GJDW hinweisen.

Die Google-Übersetzungsmaschine erweist sich hier als völlig nutzlos, denn das von ihr produzierte Ergebnis ist mehr als lächerlich. Noch zwei weitere Beispiele: Für den japanischen Satz *kare wa hara ga suwatteiru* (彼は腹が座っている), der eine ähnliche Konnotation hat wie der vorher angeführte mit *kimo* (denn *hara* bedeutet Bauch), erhält man bei Google abermals ein völlig falsches Resultat, nämlich: „Er ist hungrig." Und während das GJDW für den Satz *kare wa butai de agatteshimatta* (彼は舞台で上がってしまった) die korrekte Übersetzung „Er hatte auf der Bühne Lampenfieber" bietet, glänzt die Google-Übersetzungsmaschine abermals mit einer Fehlleistung, wenn es dort heißt: „Er ging auf die Bühne."

In einer bestimmten Phase der Entstehung des *Großen japanisch-deutschen Wörterbuches* sollen, wie man hört, von einzelnen Experten Sinn und Bedeutung des Projektes massiv in Frage gestellt worden sein. Als Argument wurde die rasante Entwicklung der Digitaltechnik angeführt. Im Zeitalter des Internets kriege man, so hieß es, auch für die bilinguale Vermittlung bei geschickter Eingabe schnell eine Reihe passender Lösungen angeboten. In manchen Fällen mag dies durchaus stimmen. Ein wissenschaftspolitischer Fachterminus im Deutschen, der beim Verfassen der Antragslyrik für das Kultusministerium gerne Verwendung findet, lautet „Alleinstellungsmerkmal". Die Google-

Übersetzung liefert hier das japanische Äquivalent *yunīku na sērusupointo* (ユニークなセールスポイント). Wunderbar! Besser kann man das wohl nicht übersetzen. Der neoliberale Geist, der in diesem Antragschinesisch steckt, schwingt in der japanischen Übersetzung deutlich mit.

Aber – und nun kommt das große Aber: Erfahrung und experimenteller Umgang mit digitalen Übersetzungen zeigen mir deutlich, dass insbesondere bei einer Organmetapher wie *kimo* oder überhaupt bei Metaphern mit Körperteilen wie etwa *atama* (Kopf), *me* (Auge), *hana* (Nase) oder *te* (Hand) nahezu in jedem Fall mit Sinnentstellungen und Bedeutungsverschiebungen, manchmal sogar mit Verkehrungen ins Gegenteil zu rechnen ist. Bei vielen metaphorischen Redewendungen – und nicht nur bei Organmetaphern – sind, auch wenn die Übersetzung grammatisch und semantisch akzeptabel erscheint, nicht selten ‚Hopfen und Malz verloren', um abermals eine Metapher zu benutzen.

Gut, diejenigen Kollegen, die der digitaltechnischen Zukunft in naiver Art blauäugig und optimistisch entgegensehen, könnten behaupten, mit der sich beschleunigenden Entwicklung der KI, also der künstlichen Intelligenz, werde die digitale Übersetzung zwischen Japanisch und Deutsch schon bald ein Leistungsniveau erreichen, wie wir es bereits von einigen westlichen Sprachen oder zwischen Japanisch und Koreanisch kennen, also zwischen verwandten Sprachen. Gleichwohl ist man auch hier mit Tücken, und zwar mit anderen Tücken konfrontiert. Beispielsweise mit Täuschungen und Selbsttäuschungen, welche die Sprachwissenschaftler ‚falsche Freunde' nennen. Man möge versuchsweise nur einmal mit den folgenden Satzbeispielen in der Sprachrichtung Deutsch-Japanisch die Google-Übersetzungsmaschine konsultieren. Jeder, der beide Sprachen beherrscht, wird angesichts der gelieferten Übersetzungsvorschläge verwundert den Kopf schütteln. Die Rede ist von Beispielen wie „Er musste Hals über Kopf Deutschland verlassen.“ „Du gehst also morgen Ski fahren – Hals- und Beinbruch!“ „Des Pudels Kern“ (aus Goethes Faust). „Um mit Fontane abzukürzen, das ist ein weites Feld.“ Dasselbe gilt auch für die umgekehrte Sprachrichtung. Für den japanischen Satz *kishida-shushō no koshinuke-buri wa odoroku bakari da* (岸田首相の腰砕けぶりは驚くばかりだ) liefert Google den folgenden deutschen Satz: „Die Sturheit vom Ministerpräsidenten Kishida ist erstaunlich.“ Gemeint ist hier jedoch etwas ganz Anderes, nämlich: „Kishida hat erstaunlicherweise kein Rückgrat.“ Auch hier liegt Google wieder einmal völlig daneben.

Besonders bei Redensarten, zu deren Verständnis Kenntnisse der jeweiligen religiösen Hintergründe erforderlich sind bzw. ein Minimum an literarischem Wissen, versagen diese digitalen Helfer – ehrlich gesagt, zu meiner Schadenfreude! Vielleicht kommt irgendwann einmal die Zeit, wo es auch mit der Übersetzung solcher zugegebenermaßen nicht ganz ohne Boshaftigkeit gewählten Beispiele klappt. Das möchte ich für die ferne Zukunft auch gar nicht ausschließen. Das Internet bietet ja ein Forum, auf dem Millionen von Menschen kooperieren können. Doch in absehbarer Zeit kann man wohl kaum erwarten, dass diese hochgesteckten Ziele in Erfüllung gehen, zumal ja beim deutsch-japanischen Brückenbau weit weniger Menschen involviert sind, mitgezählt selbst diejenigen, die sich bodenlos überschätzen. Ein weiterer Grund also, weshalb wir die Vollendung des großen Wörterbuchprojekts aufgrund seines ‚Alleinstellungsmerkmals‘ gehörig feiern sollten.

Mir fällt hier die These von Giambattista Vico ein, einem der bedeutendsten Philosophen der frühen Neuzeit, der unter anderem zu Rhetorik und Metapher auch noch heute aktuelle und gültige Provokationen geliefert hat. Bekanntlich haben diese Provokationen sowohl Hans-Georg Gadamer als auch Jürgen Habermas dazu veranlasst, die hermeneutische Tradition durch jeweilige Umformulierungen an aktuelle Diskussionen anzuschließen. Während es Gadamer um die Kontextgebundenheit des Sprachgebrauchs geht, wollte sich Habermas mit Hilfe von Vico und der These vom Zusammenhang des klugen Sprach- und Situationsverständnisses gegen die Zumutungen datenverarbeitender Sozialtechnologien wappnen. Die hermeneutisch verstandene *prudentia* wird gegen die Instrumentalisierung der Sozialwissenschaften ins Spiel gebracht. Vico vertrat in diesem Zusammenhang die These, der ganze Wortschatz fuße in seiner historischen, d. h. etymologischen Tiefenschicht letztendlich auf der Metapher. Die Semantik wäre demnach ohne Rückgriff auf die Metapher nicht annähernd adäquat zu erfassen. Das hat Vico an zahlreichen Beispielen aus dem Lateinischen vorgeführt. Wir brauchen dieser zugespitzten anticartesianischen These nicht unbedingt zustimmen, um realisieren zu können, welche wichtige Rolle der angemessene Gebrauch der Metapher spielt, damit bestimmte Argumente bestimmten Diskussionsteilnehmern einleuchten! Die viel beschworene Redewendung von der ‚europäischen Familie' ist beispielsweise auch eine Metapher. Wie oft haben wir z. B. gehört, dass erst nach einer langen nächtlichen Sitzung in Brüssel im Morgengrauen ‚das Eis gebrochen sei'. Wieder eine Metapher. Denn Brüssel befindet sich ja nicht in der Arktis, und kein Europapolitiker hat jemals einen winterlichen Ritt über den fernen Bodensee gewagt. Trotzdem gilt einmal wieder das Eis als gebrochen, wenn ein Kompromiss sich abzeichnet. Eine Metapher folgt der anderen, nicht von ungefähr sagen wir auf Japanisch *gokai ga hyōkai shita* (誤解が氷解した). Dem Sinn nach bedeutet das: „Ein Missverständnis ist ausgeräumt worden." Noch eine Stufe bildhafter ausgedrückt könnte man sagen: „Ein Missverständnis hat sich aufgelöst wie geschmolzenes Eis." Bei der literarischen Übersetzung muss man zumindest versuchen, zwischen diesen zwei Vorschlägen hindurch zu einer angemessenen Variante zu gelangen, und zwar kontextgerecht. Metaphern wie rhetorische Figuren verleihen den Argumenten jeweils Farben, Plausibilität und Ausdrucksintensität. Sie ermöglichen wie in der Musik Variationen, die ihrerseits wiederum Anlass geben zur Entwicklung neuer Motive und neuer Variationen.

Wichtig ist, wie wir gesehen haben, diese Kontextualisierung. Jeder, der sich zwischen zwei bestimmten Sprachpaaren hin und her bewegt, sich unentwegt mit sprachlichen Differenzen auseinandersetzen muss und dabei unter oft selbstverschuldeten Sinnentstellungen leiden gelernt und somit das ständige, kaum je erfolgreiche Suchen nach der treffenden Wiedergabe in der jeweils anderen Sprache sozusagen am eigenen Leib oder an der eigenen Zunge erfahren hat, kann – nolens volens – gut nachvollziehen, wie wichtig die kontextuelle Einbettung der einzelnen Wörter oder Wortreihen bis hin zu idiomatischen und bildhaften Ausdrücken ist. Für ein deutsches Wort wie ‚gemütlich' werden wir vielleicht nie ein passendes Wort im Japanischen finden und umgekehrt für den japanischen Begriff *mono no aware* (もののあわれ) nie ein angemessenes deutsches Äquivalent. Als Ausweg bleibt uns aber, dafür lexikalisch mehrere Ausdrücke anzubieten und diese dann an ein paar Beispielen aus authentischen Texten zu konkretisieren, so dass der jeweilige Fremdsprachler schon einmal ahnen kann, was mit dem betreffenden Wort gemeint sein könnte, um es dann schließlich, möglicherweise nach mehrmaligen Misserfolgen, angemessen benutzen zu können. Das ist ein philologisch-hermeneutischer Prozess, mit dem sich auch Nicht-Philologen in ihrem Alltag zumindest ansatzweise konfrontiert sehen. Man kann sogar mit Heidegger sagen: In diesem Prozess befindet sich jeder Mensch immer schon.

Und gerade das uns nun abgeschlossen vorliegende *Große japanisch-deutsche Wörterbuch* ist, soweit ich mich in dieses monumentale Werk bereits einarbeiten konnte, auf diese Kontextualisierungsarbeit hin konzipiert. Für einzelne Stichwörter im Japanischen findet man für die deutschen Äquivalente nicht nur entsprechende einzelwörtliche Angaben und nicht nur idiomatische Redewendungen und deren gelungene Wiedergabe, sondern häufig auch konkrete Beispielsätze aus diversen Medien – u. a. aus literarischen Texten wie etwa von den beiden japanischen Nobelpreis-Trägern für Literatur und manchmal auch aus ins Japanische übersetzten Texten westlicher Autoren wie z. B. Goethe und Thomas Mann, die selber Ergebnisse jener mühsamen Kontextualisierungsarbeit sind, die seit der Öffnung des Landes geleistet worden ist.

Hier noch ein paar andere Beispiele aus dem weiten Feld der Organ- bzw. Körperteilmetaphern: Für das deutsche Wort „Mund" fallen uns sofort mehrere Redewendungen ein, etwa „von der Hand in den Mund leben". Der Mund heißt auf japanisch *kuchi.* Es gibt unendlich viele Redewendungen mit diesem Wort. Für den stehenden Ausdruck *kare wa kuchi ga karui* (彼は口が軽い) wird im GJDW angeboten: „redselig, den Mund nicht halten können, ein Plappermaul, eine Plaudertasche“ usw. Bei Google wird man hier mit einem einzigen Satz abgespeist, nämlich „Er spricht leise.“ Eine klare Sinnentstellung. Zu der Redewendung *kuchi ga kakaru* (口がかかる), für die das GJDW Übersetzungen wie „ein Arbeitsangebot bekommen, einen Auftrag erhalten“ liefert, bietet Google einzig das reflexive Verb „sich unterhalten“ an. Vor lauter Staunen angesichts einer derartigen Fehlleistung könnte es womöglich zu einer Situation kommen, in der man sagen würde *aita kuchi ga fusagaranai* (開いた口が塞がらない) – „Ich kann den vor Entsetzen weit geöffneten Mund nicht mehr zumachen.“ Die Algorithmen haben eben auch ihre Tücken. Für *kuchi hatchō te hatchō* (口八丁手八丁) liefert das GJDW beispielsweise die Übersetzung „in Worten und Taten geschickt sein, zu allem zu gebrauchen sein“. Mit einer gewissen Sprach- und Lebenserfahrung versteht man dann, dass diese Wendung, der man wohl erst als Fortgeschrittener begegnen dürfte, eine mit allen Wassern gewaschene Person bezeichnet, der man besser aus dem Weg gehen sollte. Google hat für diese Wortreihe kein Ergebnis parat. Wir könnten nun den Abend mit zahlreichen weiteren Beispielen dieser Art verbringen, von denen manche vielleicht sogar ‚unter die Gürtellinie gehen‘ … Aber, meine Damen und Herren, ich möchte Sie heute mit solchen Ausführungen natürlich nicht ‚zu Tode langweilen‘. Gleichzeitig will ich Sie aber auch nicht durch *political incorrectness* verärgern oder gar ‚auf die Palme bringen‘. Vielleicht ist ja einigen Gästen inzwischen bereits ‚eine Laus über die Leber‘ gelaufen, um das im Titel erwähnte Organ in Form einer Metapher noch einmal heranzuziehen. Aber damit genug der Beispiele.

Meine Absicht, sehr verehrtes Publikum, war es, mit diesen Beispielen Ihr Augenmerk auf die besondere Leistung dieser gigantischen Sprachbrücke und der an diesem Projekt Beteiligten zu lenken: Ein derart gewaltiges, ja überwältigendes Sprachwissen kann uns ahnen lassen, was hermeneutische Virtuosität bedeutet, eine Virtuosität, die uns mit mehreren Übersetzungsvorschlägen konkret anleitet, für den jeweiligen Fall aus dem gebotenen Sprachreichtum eine angemessene, eigene Ausdrucksmöglichkeit zu schöpfen. Und dies im doppelten Sinne des Wortes, nämlich aus der Quelle zu schöpfen einerseits, und etwas Neues zu kreieren andererseits. Man braucht ja bei der Übersetzungsarbeit nicht unbedingt einen der im Wörterbuch vorgeschlagenen Ausdrücke zu benutzen. Giambattista Vico nennt dieses Können *ars inveniendi*, ein Können, das nach seiner Auffassung letztendlich auf einem *sensus communis* beruht und gleichzeitig auch zurückgeht auf die aristotelische Phronesis: die kontextangemessene Urteilskraft. Voraussetzung solchen Könnens bleibt freilich, dass man mit dem überwältigenden Ausdrucksreichtum und der enormen Vielfalt der beiden Sprachen bereits hinlänglich vertraut ist.

Und hier geht es eben um eine Kulturpolitik. Ich habe im Untertitel dieses Kurzvortrags bewusst die Formulierung „Kulturpolitik" gewählt. Gemeint ist damit nicht nur die Kulturpolitik im üblichen Sinne. Deren Aufgabe besteht ja heutzutage oft darin, Sprachvermittlung für Anfänger, Freizeitgestaltung für Rentner oder Gelegenheit zur Selbstverwirklichung für Kulturschaffende anzubieten. Demgegenüber geht es mir auch und vor allem um die individuelle Gestaltung der Kontaktaufnahme mit anderen Sprachen und Kulturen: das Sich-Annähern an eine andere Kultur, wie zaghaft auch immer, das Sich-Hineinarbeiten in eine andere Sprach-Welt, wie mühsam auch immer, das Sich-an-den-anderen-Kontext-Anfügen oder Anschmiegen, wie schief und misslungen auch immer. In diesem Prozess kann jeder ein anderer Lerntyp, jeder ein anderer Kulturpolitiker sein – wichtig ist nur die Bereitschaft zur Zusammenarbeit mit anderen. Und diese Kooperation hat in unserem Fall eine konkrete, dabei monumentale Gestalt angenommen – und zwar unter dem sicherlich strengen Regiment von Frau Hijiya-Kirschnereit. Manchmal braucht man für so ein Projekt eben ‚eine starke Hand' (schon wieder eine Körperteil-Metapher). Gelungene Kontextualisierung, das ist ein Riesenerfolg in der Kulturpolitik.

Wie Sie wohl wissen, gibt es auch auf japanischer Seite eine entsprechende Vorzeige-Leistung. Gemeint ist das *Große deutsch-japanische Wörterbuch*, das ebenfalls als Ergebnis einer 20-jährigen Kollektivarbeit unter dem kaum weniger strengen Regiment des inzwischen verstorbenen Germanistikprofessors Iwasaki Eijirō bereits 1984 erschienen ist. Soweit ich sehen kann, liegen beiden Großunternehmen ähnliche Konzepte der Kontextualisierung zugrunde. Aber die Marktbedingungen in Japan erforderten, dass jenes schöne Wörterbuch dem Umfang nach auf ein Drittel des Volumens des GJDW beschränkt werden musste. Seien Sie also beruhigt: In dieser Beziehung hat Deutschland eindeutig mit 3:1 gegen Japan gewonnen. Sicher ist jedoch: Das GJDW, jenes „Jahrtausendwerk", wie es Gebhard Hielscher, der ehemalige Tokyoter Korrespondent der *Süddeutschen Zeitung*, einmal nannte, wird nicht nur für die Germanisten in Japan, sondern auch für viele Geistes- und Sozialwissenschaftler, die sich alle, trotz widriger Zeiten und mitunter gegen den Strom der Zeit, immer noch mit deutschen Wissenschaften beschäftigen, von dauerhaftem Nutzen sein.

Ich weiß: Lobreden wirken durch den allzu extensiven Gebrauch von Superlativen nicht unbedingt überzeugender. Ich darf deswegen, vielleicht auch um meine rhetorische Armut zu kompensieren, abschließend zur Charakterisierung dieses nun abgeschlossenen und gelungenen Produkts der deutschen Geisteswissenschaften ein paar Worte zitieren, die 1979 anlässlich der Vollendung der erneuerten Ausgabe des sog. „Großen Pauly", inzwischen vielleicht besser bekannt als „Neuer Pauly", nämlich der „Realencyclopädie der classischen Alterthumswissenschaft", im ZEITmagazin standen: „Ein Zeugnis deutscher Gelehrsamkeit, das als ein vielleicht unwiederholbares Denkmal des Zusammenwirkens von Akribie und Ausdauer, Scharfsinn und Wissensfülle, Zähigkeit und Zielstrebigkeit auch von späteren Generationen zu bewundern sein wird" (Bernhard Kytzler). Und diese Charakterisierung passt genau auch zum *Großen japanisch-deutschen Wörterbuch*, anlässlich dessen lang erwarteter Fertigstellung wir uns alle heute versammelt haben.

Omedetō gozaimasu und herzlichen Dank für Ihre Aufmerksamkeit!

Till Weingärtner
University College Cork, Irland

Aus der Spaßmacher-Werkstatt: Japanischer Humor und das *Große japanisch-deutsche Wörterbuch*

Als Humorforscher richtet sich mein Interesse oft auf verbalen Humor. Als Lehrender bin ich zudem häufig damit konfrontiert, meinen Studierenden japanischen Humor näherzubringen. Oft erlebe ich, dass es beim Übersetzen oder Übertragen von japanischen Humorbeispielen zu Missverständnissen kommt. Das neue *Große japanisch-deutsche Wörterbuch* (GJDW) ist damit für mich ein Versprechen, dass ich ein neues, unverzichtbares Hilfsmittel an die Hand bekomme.

Gleichzeitig weiß ich, wie viel Freude die Arbeit mit einem Wörterbuch machen kann: Während der Vorbereitung meines Festvortrags auf Einladung der Deutschen Gesellschaft für Natur- und Völkerkunde Ostasiens (OAG) in Tokyo hatte ich die Möglichkeit, eine größere Anzahl von Stunden mit dem Wörterbuch suchend, nachschlagend, blätternd und staunend zu verbringen. Ich erinnerte mich dabei an meine ersten Momente der akademischen Auseinandersetzung mit Humor und an eines meiner Lieblingsbücher zu diesem Thema. Dort beginnt der Autor Peter Berger seine Exploration zum Thema Humor mit dem Nachschlagen von Einträgen zu „Humor“ oder „Lachen“ im *Oxford English Dictionary.* Dabei macht er die interessante Entdeckung, dass ihm das Wörterbuch keine klare Definition anbietet. Stattdessen schickt ihn der Eintrag zum Stichwort „Humor“ zu anderen Stichwörtern wie „Witz“ oder „Komik“, die ihrerseits dann wieder zurück auf „Humor“ verweisen. Berger spricht dann auch von „wonderfully imprecise if not circular definitions“ (Peter L. Berger [1997]: *Redeeming Laughter. The Comic Dimension of Human Experience.* Walter De Gruyter).

Doch was zunächst als Enttäuschung wirken mag, stellt sich dann doch als nützlich heraus. Vom Wörterbuch kreuz und quer von einem Wort zum anderen und wieder zurückgeschickt zu werden, verdeutlicht die Komplexität des Themas. Vom Hundertsten ins Tausendste zu kommen, stellt für den Autor keinen Fehlschlag dar. Vielmehr ist diese Erfahrung der erste Schritt auf seiner Reise, sich mit diesem Thema auseinanderzusetzen. Erste Verknüpfungspunkte, die er nun weiterverfolgen kann, gibt ihm das Wörterbuch auch an die Hand. Am Ende ist es Peter Berger, der das Wörterbuch ein wenig verwirrt zur Seite legt, dann aber schlussendlich ein wunderbares Buch zum Thema Humor geschrieben hat, das selbst mit der drolligen Schilderung seines Wörterbuchabenteuers und seiner Reise durch die Einträge einsetzt. Ich erinnere mich, dass ich beim erstmaligen Lesen der Passage vor vielen Jahren laut lachen musste.

Auch mein in der OAG verbrachter Nachmittag wurde gleichsam zu einer kleinen Reise durch das *Große japanisch-deutsche Wörterbuch.* An dieser Stelle möchte ich nun auch Sie, werte LeserInnen des vorliegenden Sammelbandes, mit auf diese Reise nehmen, in der Hoffnung, dass Sie meine Freude an meiner Exkursion nachvollziehen und teilen können. Mein Beitrag heißt ja auch „Aus der Spaßmacher-Werkstatt“, und daher möchte ich hier an konkreten Beispielen den kreativen Umgang mit dem Wörterbuch demonstrieren.

In meiner Forschung beschäftige ich mich viel mit den beiden wichtigsten Genres der japanischen Comedy: *Ra-*

kugo und *Manzai*. Meine Reise begann also damit, zuerst einmal diese beiden Begriffe nachzuschlagen. Welche Definitionen und Erklärungen bietet mir hier ein Wörterbuch an? Als Vergleich zog ich den klassischen „Kimura“ (Herausgeber: Kimura Kinji) heran, um etwas zu haben, das ich den Einträgen im neuen GJDW gegenüberstellen konnte. Der Kimura ist natürlich eher ein mittelgroßes einbändiges Wörterbuch, das auch in einer kleinen Tasche Platz findet – daher ist der Vergleich womöglich ein wenig ungerecht. Es geht aber ja nicht darum, den Kimura in ein schlechtes Licht zu rücken, sondern einfach den Zugewinn durch die nun vollständige Veröffentlichung des GJDW zu verdeutlichen.

Schlagen wir also zunächst den Begriff *Rakugo* im Kimura nach. Hier werde ich darüber informiert, dass es sich bei *Rakugo* um eine „Vortragskunst professioneller Geschichtenerzähler“ handelt. Der Eintrag ist durchaus nützlich, falls der Nachschlagende in einem Text über den Begriff stolpert und tatsächlich gar keine Ahnung hat, was *Rakugo* denn bedeuten könnte. Der humoristische Aspekt der Gattung wird hier jedoch ausgeklammert. Auch eine naheliegende Übersetzung erschließt sich mir daher nicht sofort. Wichtige Begriffe aus dem erweiterten Wortfeld oder Themenbereich *Rakugo* wie etwa *Zenza*, *Futatsume* oder *Shin'uchi* – die unterschiedlichen Ränge der *Rakugo*-ErzählerInnen, quasi das Gegenstück vom wissenschaftlichen Mitarbeiter mit halber Stelle bis hinauf zur W3-Professorin in der Wissenschaft – suche ich im Kimura vergebens.

Im *Großen japanisch-deutschen Wörterbuch* ist der Eintrag zu *Rakugo* dann schon wesentlich erkenntnisreicher: Hier steht dann tatsächlich erst einmal „Das Rakugo“, was mich bestärkt, den Begriff auch im Deutschen als Fremdwort benutzen zu können. *Rakugo* wird dann beschrieben als „Unterhaltungskunst in komischer Form, in einer Pointe gipfelnder, oft Dialoge enthaltender Geschichten, die von einem professionellen Erzähler vorgetragen werden." Da kann ich mir dann tatsächlich doch schon wesentlich mehr darunter vorstellen. Die unterschiedlichen Bezeichnungen für die oben genannten Ränge der *Rakugo*-Hierarchie lassen sich außerdem alle komplett mit eigenen Einträgen im GJDW finden. Hier sei nur kurz als Beispiel der Eintrag für *Zenza* genannt: Das GJDW informiert mich, dass *Zenza* die „Bezeichnung für den niedrigsten Rang im *Rakugo* und den zuerst auftretenden rangniedrigsten Vortragskünstler vor dem *Futatsume* und dem *Shin'uchi*" sei, sodass ich gleich auch die Querverweise auf die anderen Begriffe kompakt beieinander finde. Beim Nachschlagen ergibt sich so die Gelegenheit, nicht nur den eigentlich gesuchten Begriff zu erfassen, sondern dabei auch noch etwas zu lernen. So erfahre ich unter anderem, dass der Begriff auch im übertragenen Sinne verwendet wird, etwa für eine Vorgruppe oder Band, die im Vorprogramm bei einem Konzert eines größeren Acts auftritt. Die Wichtigkeit des Begriffs außerhalb des *Rakugo* oder der Comedy erschließt sich mir also auch.

Kommen wir nun zum *Manzai*, einer Comedy-Gattung, in der ich mich selbst einmal in Japan als semiprofessioneller Komiker versucht habe – mit durchwachsenem Erfolg. Der Eintrag zum *Manzai* im Kimura ist, vielleicht auch dem inzwischen lange zurückliegenden Veröffentlichungsdatum geschuldet, eher kurz. Kimura verwendet für *Manzai* die Kanji-Schreibweise 萬歳 und bietet bei der Bedeutungserklärung zwei Varianten an: eine historisch ältere (*mukashi no*) in Form von „der herumziehende komische Tänzer" sowie eine neuere (*ima no*) für das *Manzai* der Gegenwart, nämlich „der Possenreißer". Das ist schön erklärt, hilft mir aber kaum weiter, wenn ich zum Wörterbuch gegriffen habe, weil mir der Begriff völlig unbekannt war. Auch ein Dozent im Unterricht mag sich ja als gelegentlicher Possenreißer versuchen, um die Langeweile der Studierenden aufzulösen, ist damit aber noch lange kein *Manzai*-Komiker – fragen Sie doch ruhig einmal meine Studierenden in Cork!

In praktisch jedem *Manzai*-Vortrag gibt es *Boke* und *Tsukkomi*. Schlage ich den Begriff *Boke* im Kimura nach, finde ich einen Eintrag mit den Kanji 木瓜, und ich erfahre, dass es sich hierbei um die „japanische Quitte" handelt. Lecker! Bei *Tsukkomi* finde ich nur einen Eintrag aus der Wirtschaft, nämlich „das Gros". Ein *Manzai*-Duo mag einen Unterhaltungsservice anbieten und sicher auch eine gewisse Wirtschaftsleistung erbringen, aber beim Nachschlagen dieser Begriffe hinsichtlich ihres Bezugs zum *Manzai* werde ich hier mit dem Kimura keineswegs schlauer.

Das GJDW hingegen stellt *Manzai* in zwei Kanji-Schreibweisen vor: 万歳 und 漫才・万才. Der Eintrag zur Variante 漫才・万才 lautet dann zunächst einmal wieder „das Manzai" und informiert mich, dass es sich hierbei um eine „japanische Form der Stand-up-Comedy mit zwei Komikern" handelt, was mir als Definition sehr gut gefällt und zudem klar und einleuchtend erscheint. Ein längerer Eintrag zur Kanji-Variante 万歳, die wir auch im Kimura gefunden haben, nennt dann erst einmal Begriffe wie „zehntausend Jahre", „alle Zeitalter" oder „die Ewigkeit", bevor sich unter dem Hinweis „historisch" Erklärungen wie „Gesang und Tanz von herumziehenden Straßenmusikanten zur Feier des Neujahres" oder „der zu Neujahr herumziehende Straßenmusikant" finden. Weiterhin erfahre ich, dass der Begriff auch als Jahreszeitenwort für das Neujahr dienen kann. Tatsächlich gibt es auch ein Haiku von Bashō, in dem der Begriff in dieser Funktion verwendet wird. Hier habe ich – wieder einmal – nicht nur den eigentlichen Begriff gefunden, über den ich in einem bestimmten Text gestolpert bin – sondern auch gleichzeitig noch eine ganze Menge über *Manzai* gelernt. Vielleicht ist das dann schon genug, um meine Neugierde zu wecken und weiter auf Entdeckungsreise zu gehen.

Wenn ich dies dann tue und die Begriffe *Boke* und *Tsukkomi* im GJDW nachschlage, finde ich für den ersteren sogleich mehrere Schreibweisen: ボケ・惚け・呆け – mein Erkenntnishorizont erweitert sich somit. Ein möglicher Ursprung des Begriffs findet sich unter dem Punkt 1, wo von „altersbedingter Geistesschwäche" die Rede ist. Unter Punkt 2 werde ich dann aber auf die „Trottelrolle im Manzai" aufmerksam gemacht und darüber unterrichtet, dass es sich dabei um den „Gegensatz zum Tsukkomi" handelt, und es findet sich dort auch gleich der entsprechende Querverweis. Außerdem bietet mir das GJDW eine ganze Reihe wunderbarer Übersetzungsvorschläge an, die mir viel Freude bereitet haben: „der Trottel, der Hohlkopf, der Schafskopf, der Tölpel, der Dussel, der Armleuchter, der Simpel", alles Wörter, die ich sicher schon einmal gehört habe, die aber vielleicht nicht immer Teil meines aktiven Wortschatzes sind. Die Einträge spiegeln hier nicht nur die Genauigkeit des Herausgeberteams wider, sondern auch ihre Freude an der deutschen Sprache. Übrigens: das *Boke* mit den Kanji 木瓜 findet sich natürlich auch. Es handelt sich demnach um die „chinesische Scheinquitte" oder „Zierquitte". Vielleicht sollte man also lieber doch nicht gleich zubeißen – der Schein mag ja trügen. Der Kimura hätte mir vielleicht einen verdorbenen Magen eingebracht.

Beim Eintrag zu *Tsukkomi* (突っ込み) sind Begriffe wie „das heftige Eindringen“, das „Durchdringen“, „das In-die Tiefe-Gehen“, „der Tiefgang“ oder auch „das Einbegreifen“ bzw. „das Inkludieren“ aufgelistet – Begriffe, die mir wieder nützliche Hintergrundinformationen bieten, um die Rolle im *Manzai* zu begreifen. Konkret wird der Begriff aber auch – als Gegensatz zum *Boke* – als „der aktive Erzähler im Manzai“ definiert, also als Gegensatz zur Trottelrolle.

Apropos Trottelrolle: Zu meiner aktiven *Manzai*-Zeit musste mein eigener hausinterner *Tsukkomi* mich als Teil unserer Routine auf der Bühne auch hin und wieder lauthals als Trottel zurechtweisen. Hier verwendete er sehr gerne den Begriff des „*Aho*“ (阿保・阿房). Der Eintrag zu diesem Stichwort ist bisher einer meiner Lieblingseinträge im GJDW, bei dem ich Ihnen wirklich ans Herz legen möchte, sich diesen einmal anzuschauen: „Dummkopf, Schwachkopf, Strohkopf, Dummlack, Narr, Trottel, Depp, Idiot, Vollidiot, Blödmann, Armleuchter …“ und so weiter und so fort. Die Einträge werden dabei durchaus noch deftiger. Eine ganze Bandbreite von Beschimpfungen wird hier abgedeckt, wobei auch lokale Varianten des deutschen Sprachraums vorgestellt werden. Das ergibt auch Sinn und spiegelt die Situation in Japan wider: Während der Begriff in Tokyo durchaus als Beleidigung aufgefasst wird, findet er in der Kansai-Region oft eher neckisch im Umgang in der Partnerschaft, unter Freunden oder Verwandten Verwendung. Darüber hinaus lernt man aber auch hier etwas Neues: Ich wusste jedenfalls nicht, dass *Der abenteurliche Simplicissimus* von Grimmelshausen im Japanischen unter dem Titel *Aho Monogatari* – also als Geschichte vom Aho – bekannt ist. Ich bin eben doch nur ein *Aho* oder – noch eine Stufe schlimmer – ein *Do-Aho*.

Eine Erklärung zum Präfix *Do-* findet sich natürlich auch im GJDW: Erläutert als „Emphatisierung des angeschlossenen Wortes“ und mit den Übersetzungsvorschlägen „sehr, extrem, besonders, überaus, äußerst; ganz; (pej., derb) verdammt, blöd, mistig; Mist-, Scheiß-“. Das Wörterbuch scheut sich also nicht, auch derbere Entsprechungen aufzulisten und so ein realistisches und ehrliches Bild der deutschen Sprache anzubieten.

Nehmen wir das Präfix *Do-* doch einmal als Anlass zum Weiterdenken. Was ist eigentlich „verdammt deutsch“? Darauf werde ich tatsächlich manchmal angesprochen, wenn ich mich zum Beispiel im englischsprachigen Raum als deutscher Forscher, der sich mit dem japanischen Humor beschäftigt, vorstelle. Die Identität allein mag hier fast als Witz erscheinen, zumindest ernte ich an dieser Stelle schon das eine oder andere Grinsen. Deutschsein wird schließlich nicht gerade mit Humor in Verbindung gebracht. Vielleicht ist also gerade die übertriebene Ernsthaftigkeit oder der Mangel an Humor „verdammt“ Deutsch oder, wenn man es auf Japanisch sagen möchte, *Do-Doitsu*? Solche Stereotype sind nicht unproblematisch, haben aber natürlich deutschsprachige Meister des Humors wie Loriot umgetrieben, in dessen *Pappa ante portas* der unangenehme Schwager während der viel zu langen Bahnfahrt verkündet, er schmunzele gerne einmal, wenn es einen Anlass zum Scherzen gäbe. Er macht sich hier über die Deutschen lustig, die – wie eine Redewendung sagt – zum Lachen in den Keller gehen. Sie sind ihm wohl tatsächlich ein wenig zu „verdammt Deutsch“ oder eben *Do-Doitsu.*

An dieser Stelle muss ich gestehen, dass ich Sie hier ein wenig aufs Glatteis geführt habe. Ich habe zwar das japanische Präfix *Do-* mit dem japanischen Wort für „Deutschland“ zu *Do-Doitsu* verbunden. Dieser Begriff bedeutet aber gar nicht „verdammt Deutsch“. *Dodoitsu* (都々逸) ist vielmehr eine andere humoristische Gattung, der man sich auch mit Hilfe des GJDW annähern kann. Bei Kimura steht lediglich, *Dodoitsu* sei „eine Art japanisches Volkslied“ – wiederum wenig aussagekräftig –, das GJDW dagegen stellt *Dodoitsu* als „der japanische Limerick“ vor. Ein Limerick als Scherzgedicht ist dann tatsächlich etwas, was mich als Humorforscher natürlich interessiert und meine Neugierde am *Dodoitsu* verstärkt.

Apropos Limerick: Limerick ist ja auch eine Stadt in Irland, gar nicht so weit von meiner derzeitigen Heimat Cork entfernt. Die Verbindung, die ich hier ziehe, mag ein wenig holprig erscheinen – tatsächlich ist auch die Straßenverbindung zwischen Cork und Limerick recht holprig, da auf eine moderne Autobahnverbindung immer noch gewartet wird – aber holprige Verbindungen, Umwege oder unerwartete Assoziationen zu entdecken oder zu konstruieren, wird oft als kreativer Akt im Humor verstanden. Denn gerade das „Um-die-Ecke-Denken“ erzeugt nicht selten einen komischen Effekt.

Wenn wir uns auf unserer Reise in die Humorwerkstatt begeben, dabei über Verbindungen zwischen Deutsch und Japanisch nachdenken, mir als in Irland Tätiger aber auch die Möglichkeit eines „japanischen Limericks“ geliefert wird – was könnte da näher liegen, als zur Feier des Wörterbuchs ein oder zwei „Dodoitsu“ beizusteuern?

> ベルリン生まれが、俗曲やれば、これがほんとの、どどいつ〜
> *Berurin umare ga, zokkyoku yareba, kore ga honto no, dodoitsu*
> Geboren in Berlin, doch singe ich ein Volkslied, dann ist das wahrlich, ein Dodoitsu/verdammt deutsch.

Doch werden wir noch ein wenig kreativer und versuchen – wiederum mithilfe des *Großen japanisch-deut-*

schen Wörterbuchs – auch etwas aus dem Umfeld des Begriffs „Humor" in unser „Dodoitsu" einzubauen, da wir ja hier unsere Reise begonnen haben. Ich habe also erneut ein paar Begriffe in der unmittelbaren Nachbarschaft von Humor bzw. ユーモア (*yūmoa*) nachgeschlagen, um vielleicht ein geeignetes Wortspiel zu finden. Auch hier zeigt sich wieder, welch große Vorteile das Stöbern und Browsen von Einträgen auf der gleichen Seite eines Wörterbuchs in gedruckter Form bietet. Der Begriff *yūmoa* als japanische Bezeichnung für Humor oder auch Scherz findet sich natürlich. Aber welche Begriffe stehen davor oder danach, die ähnlich klingen mögen? *Yūmon* 憂悶 bezeichnet Leid und Qual – vielleicht ja die Qual, die ich den KonsumentInnen meiner zweitklassigen „Dodoitsu" bereiten werde? Das Homonym *Yūmon* mit den Kanji 幽門 wiederum bezeichnet den Pförtner im anatomischen Sinne, also den Schließmuskel am Magenausgang. Wirkungsvoller Humor setzt ja durchaus auch unter der Gürtellinie an. Wenn mit meinem *Yūmon* nun etwas schiefgeht, brauche ich vielleicht einen *Yumoji* 湯文字, also einen Lendenschurz. Nun begeben wir uns aber doch ein wenig zu sehr auf die Ebene der *Shimo-neta* 下ネタ, der – das GJDW hilft uns beim Übersetzen – anstößigen Themen. Dafür bieten uns Comedy-Gattungen natürlich Raum und Gelegenheit, aber hier wollen wir vielleicht doch in einem festlicheren Register den Beitrag zu Ende bringen und den Verlockungen eines *Shimo-neta* widerstehen. Hier möchte ich das zweite „Dodoitsu" aus meiner Humorwerkstatt vorstellen:

> あなたの気分も、笑いで上がる、これがほんとの、ユーモア〜
> *Anata no kibun mo, warai de agaru, kore ga honto no, yūmoa*
> Auch deine Laune, steigt mit Lachen, dann ist das wahrlich, Humor/you more

Mit diesem „Dodoitsu" möchte ich dem Herausgeberteam des *Großen japanisch-deutschen Wörterbuchs* noch einmal meine herzlichen Glückwünsche übermitteln. Den Benutzern des Großen Wörterbuchs wünsche ich viel Vergnügen auf ihren eigenen Entdeckungstouren, *mehr und mehr* Spaß und Humor, interessante Erkenntnisse und eine gute Reise durch die japanische und deutsche Sprache.

Kimura Goro Christoph
Sophia-Universität, Tokyo

Wozu braucht man eine sprachliche Direktverbindung zwischen Japanisch und Deutsch?

Endlich ist das Wörterbuch erschienen!

An den humorvollen letzten Vortrag möchte ich mit einem kleinen Witz anschließen. Vielleicht eine der – zumindest in der japanischen Germanistik – bekanntesten Anekdoten, in der es um ein japanisch-deutsches Wörterbuch geht, stellt die folgende Geschichte dar: Ein deutscher Professor, der lange in Japan gelehrt hatte, sollte feierlich verabschiedet werden. Die Studierenden hatten eine Abschiedsrede auf Deutsch vorbereitet, die mit den Worten anfing: „Endlich ist die Zeit des Abschieds gekommen." Das sollte natürlich die Übersetzung für den japanischen Satz *tsui ni owakare no toki ga kimashita* (ついにお別れの時が来ました) sein, bei der allerdings ein Übertragungsfehler passiert war, da im japanisch-deutschen Wörterbuch, in dem die Studierenden nachschlugen, als Übersetzung von *tsui ni* das Wort „endlich" angegeben war. Dieser Anekdote kommt noch eine zusätzliche Pointe hinzu, nämlich dass der Professor, der dort verabschiedet werden sollte, Autor dieses Wörterbuchs war.

Diese Geschichte ist schon Jahrzehnte alt, aber sie könnte auch heutigen Studierenden passieren, die sich inzwischen gern mit maschinellen Übersetzungsdiensten wie *Google translate* oder *DeepL* aushelfen lassen. Ich habe versuchshalber den oben genannten japanischen Satz in *Google translate* eingegeben. Die Übersetzung lautete: „Es ist endlich Zeit, sich zu verabschieden." *DeepL* schneidet auch nicht besser ab: „Die Zeit des Abschieds ist endlich gekommen." Ein Professor von heute wäre ebenso schockiert wie jener vor zig Jahren, wenn ihn seine Studenten oder Studentinnen mit diesen Worten verabschieden würden.

Hierbei stellt sich die Frage: Was wäre passiert, wenn die Studierenden im *Großen japanisch-deutschen Wörterbuch* nachgeschlagen hätten? Wären sie dann womöglich nicht ins Fettnäpfchen getreten? Mit großer Wahrscheinlichkeit wären sie wohl behutsamer vorgegangen bei ihrer Wortwahl, weil das GJDW für *tsui ni* nicht weniger als sechs unterschiedliche Übersetzungsmöglichkeiten mit insgesamt fünf Beispielsätzen für die korrekte Anwendung anbietet.

In diesem Sinne freue ich mich außerordentlich, dass das *Große japanisch-deutsche Wörterbuch* – abgekürzt GJDW – „schließlich, endlich, zuletzt, am Ende, zum Schluss, zu guter Letzt" nun als fertiges Werk vorliegt. Gerade eben habe ich das breit gefächerte Wortangebot, das sich im GJDW für *tsui ni* findet, vorgestellt. Wie Sie sich vielleicht erinnern, hat auch Botschafter von Goetze vorhin in seinem Grußwort das Wort „endlich" verwendet, was in seinem Fall jedoch passend war, da es das Eintreffen einer heiß ersehnten Tatsache ausdrückt, anders als bei der Verabschiedung des besagten Professors.

Der gesellschaftliche Kontext des Wörterbuchs

In meinem Beitrag möchte ich auf den gesellschaftlichen Kontext des *Großen japanisch-deutschen Wörterbuchs* eingehen. Ich konzentriere mich dabei auf zwei Themen, die uns alle hier beschäftigen. Erstens die zunehmende Dominanz des Englischen. Und zweitens die fortschreitende Digitalisierung, unter anderem die maschinelle Übersetzung, die heute bereits wiederholt angesprochen wurde.

Zum ersten Punkt. In einem Lehrwerk mit dem Titel *We Can 1*, das vom japanischen Bildungsministerium für den Englischunterricht in der Grundschule herausgegeben wurde, findet sich die Geschichte eines japanischen Jungen namens Kazu. Er möchte Maria aus Brasilien, die neu in seine Klasse gekommen ist, besser kennenlernen. Dazu fasst er einen Beschluss. Und nun, was glauben Sie, was dieser Junge, der eine Mitschülerin aus Brasilien näher kennen lernen möchte, sich als Strategie ausgedacht hat? Natürlich: „I want to study English more.“ Kazu kommt überhaupt nicht auf die Idee, zum Beispiel ein bisschen Portugiesisch zu lernen. Mit Englisch kommt man ja bekanntlich durch die ganze Welt, also auch zu Marias Herz. Alle sprechen Englisch, *the international language*. Andere Möglichkeiten der Kommunikation existieren nicht. So die Botschaft der japanischen Bildungspolitik.

Der zweite Punkt betrifft die Digitalisierung. Ich unterrichte an einer Universität in Tokyo Deutsch. Hier ist der Text einer Studentin im ersten Studienjahr, die kürzlich folgenden kleinen Aufsatz bei mir abgegeben hatte, dessen Aufgabe es war, einen ihrer Lieblingsorte in ihrem Wohnviertel vorzustellen. Sie schreibt:

> „Alle Süßigkeiten in dieser Konditorei werden vom Küchenchef in der Küche des Ladens handgefertigt. Die Empfehlung dieses Shops ist der Pudding. Der Preis beträgt 250 Yen, was sehr erschwinglich ist. Dieser Laden hat eine große Auswahl an Makronen. Unter ihnen wird Erdbeermilch empfohlen.“

Auch wenn die Sätze etwas holprig klingen – grammatisch sind keine Fehler zu finden. Was mir jedoch sofort auffällt, ist: Die in diesem Text verwendeten Ausdrücke haben wir im Unterricht noch gar nicht behandelt. Der Text kann also nicht in ihrem Kopf entstanden sein und ist mit großer Wahrscheinlichkeit das Produkt einer Computer- oder Smartphone-Applikation. Die maschinelle Übersetzung lässt grüßen. Mit solchen Phänomenen haben wir es inzwischen täglich zu tun.

Heutzutage wird häufig die Meinung vertreten, dass durch das Englische als *Lingua franca* und durch die maschinelle Übersetzung die Welt näher zusammenrückt und alle sich besser verständigen können. Dagegen habe ich in einem Buch, das letztes Jahr veröffentlicht wurde und sich mit den Möglichkeiten der interlingualen Kommunikation beschäftigt, gewagt zu behaupten, dass die übermäßige Nutzung und Abhängigkeit von diesen beiden interlingualen Strategien nicht zu einer Vertiefung, sondern umgekehrt zu einem Rückgang der gegenseitigen Verständigung führen wird. (Kimura, Goro Christoph [2021]: *Igengokan komyunikēshon no hōhō: baikaigengo o meguru giron to jissai* [Möglichkeiten interlingualer Kommunikation: Argumente und Realität], Taishūkan. 木村護郎クリストフ『異言語間コミュニケーションの方法—媒介言語をめぐる議論と実際』大修館書店).

Ich kann hier die Argumente aus dem Buch nicht im Einzelnen vorstellen und möchte mich auf zwei wesentliche Punkte konzentrieren. Ein Blick auf die heute hier im Saal versammelten Zuhörer sagt mir, dass ich möglicherweise „dem Buddha den Buddhismus predige" (*Shaka ni seppō* 釈迦に説法) oder „Eulen nach Athen trage", da Sie, verehrte Gäste, sich zweifellos mit dieser Thematik bereits eindringlich befasst haben. Aber ich glaube, diese beiden Fragen sind so wichtig, dass es nicht verkehrt ist, sie heute noch einmal ins Auge zu fassen.

Die Dominanz des Englischen: der Drittsprachen-effekt

Zuerst einmal zur Dominanz des Englischen. Die Statistik der Sprecherzahlen ist eindeutig: unter den 6000 bis 7000 Sprachen der Welt erscheinen Deutsch und Japanisch auf der Rangliste relativ weit oben, zwar nicht unter den ersten 10, aber immerhin ganz knapp dahinter, wie zahlreiche einschlägige Tabellen beweisen. Die Nutzung des Englischen als *Lingua franca* steht erwartungsgemäß mit Abstand ganz oben.

Daher ist es nicht verwunderlich, wenn die Idee aufkommt, man könnte oder sollte bei der Kommunikation zwischen Deutschsprachigen und Japanischsprachigen am besten doch Englisch verwenden. Hier möchte ich aber auf einen Aspekt, den ich auf Japanisch *kyōtsugo baiasu* (共通語バイアス) nenne, hinweisen, den man auf Deutsch vielleicht als „Drittsprachen-Effekt" wiedergeben könnte, nämlich die aus dem Gebrauch einer Drittsprache resultierende sprachliche und inhaltliche Veränderung. Eine Drittsprache ist eine Sprache, die von den Gesprächspartnern nicht als Mutter- bzw. Erstsprache gesprochen wird. In unserem Fall geht es um Texte oder Äußerungen von Japanischsprachigen und um deutschsprachige Rezipierende. Wie wird sich der Gebrauch des Englischen in diesem Fall auswirken?

Frau Professor Hijiya-Kirschnereit hat bereits in einem 2017 erschienenen Aufsatz über das GJDW-Projekt, in dem sie auf Probleme der Japanforschung ausgehend von ihrer Erfahrung mit der Arbeit am Wörterbuch eingeht, verdeutlicht, wie sich durch das Heranziehen einer Drittsprache die Bedeutungen oder sprachlichen Nuancen verschieben. Sie schreibt: „Wer meint, es reicht, wenn man durch Englisch Japanisch versteht, nimmt den Stille-Post-Effekt in Kauf, der durch eine Dreiecksbeziehung mit einer dritten Sprache entsteht (…).“ (Hijiya-Kirschnereit, Irmela [2017] „*Kako, genzai, mirai e no purojekuto ‚Wadokudaijiten‘ – Jisho hensan de shitta mondaiten.*“ [Vergangenheit, Gegenwart und Zukunft in einem Projekt: Probleme der Japanforschung aus Erfahrung der Arbeit am Wörterbuch], in: *Nihon kenkyū* (*Tokushū*: *Nihon kenkyū no kako, genzai, mirai*), Kokusai Nihon bunka kenkyū sentā, Vol. 55, 145–169. 日地谷＝キルシュネライト，イルメラ「過去・現在・未来へのプロジェクト『和独大辞典』－辞典編纂で知った日本研究の問題点」『日本研究』55, S. 152, Übersetzung KGC, auch im Folgenden.)

Der Tatsache, dass es keine Eins-zu-eins-Entsprechung zwischen zwei Wörtern in unterschiedlichen Sprachen gibt, wird im GJDW angemessen Rechnung getragen. Leicht theoretisch formuliert, könnte diese Frage der sprachlichen Unterschiede als Kreislauf beschrieben werden, in dem die Kultur den Wortschatz prägt, der dann mittels Aneignung durch die Individuen angenommen wird, die dann wieder durch die Anhäufung dessen Benutzung die Kultur prägen. Durch diesen Kreislauf entwickeln sich die Wörter in den jeweiligen sprachlichen Kontexten. Es lässt sich somit sagen, dass als Konsequenz dieses Prozesses kein Wort zwischen verschiedenen Sprachen eine identische Bedeutung haben kann, wie schon Wilhelm von Humboldt hervorhob. Ich zitiere:

> „Die Untersuchung sowohl, als die Erfahrung bestätigen es, dass, so wie man von den Ausdrücken absieht, die bloß körperliche Gegenstände bezeichnen, kein Wort einer Sprache vollkommen einem in einer andren Sprache gleich ist.“ (zit. nach Trabant, Jürgen [2020] „Sprachdämmerung“, C. H. Beck, S. 190).

Eine Studentin in meinem Seminar schreibt gerade ihre Abschlussarbeit über die Begriffe „Hund“ und „Katze“ im Deutschen und Japanischen. Hund ist *inu* und Katze ist *neko*, das ist ganz einfach, könnte man denken. Aber die beiden Begriffe sind, wie sich an zahlreichen Beispielen zeigt, jeweils kulturell unterschiedlich geprägt. Es geht aber nicht nur um rein sprachliche, begriffliche Verschiebungen. Hier möchte ich auf zwei Punkte hinweisen, die meines Erachtens sehr deutlich zeigen, wo die Probleme liegen, wenn man sich durch eine Drittsprache informiert. Dieser inhaltlichen Verschiebung ist man sich oft gar nicht so sehr bewusst.

Eines meiner Hobbys ist es, Broschüren von verschiedenen touristischen Orten zu sammeln, und zwar auf Japanisch und Englisch, ggf. auch in anderen Sprachen. Im Folgenden ziehe ich als Beispiel zwei Broschüren aus dem *Tōkyō Daijingū*, einem Shintō-Schrein in Tokyo heran. Schon beim ersten Blick wird klar, dass die beiden Versionen nicht identisch sind. In der englischen Broschüre findet sich z. B. gleich im ersten Teil ein Hinweis, dass es sich um einen Zweigschrein des Hauptschreins in Ise handelt. Schlägt man hingegen die japanische Broschüre auf, finden sich dort allerlei Informationen zu Hochzeitszeremonien im Schrein und der Aufruf, dass man an nationalen Feiertagen die japanische Fahne aushängen solle. Hier stellt sich die Frage: Wenn man nur die englische Version ansieht, kann man dann sagen, dass man alles verstanden hat, worum es bei diesem Schrein geht? Das ist höchst zweifelhaft. Auf Englisch erscheinen einzig die Informationen, die man Ausländern präsentieren möchte. In der Drittsprache wird somit etwas anderes mitgeteilt als auf Japanisch. Derartige Unterschiede finden sich sehr häufig bei mehrsprachigen Informationen.

Der zweite Punkt ist, dass in der Drittsprache oft viel weniger Informationen geboten werden. Bei einer Broschüre zu einem Schloss in Japan hat die japanische Version zehn Seiten, die englische Version dagegen nur sechs. Wenn man also die englische Version liest, erhält man eindeutig weniger Informationen. Details werden oft weggelassen nach dem Motto: „Das ist für Fremde nicht relevant".

Man kann, wenn man will, im Internet viele weitere ähnliche Beispiele finden, die zeigen, wie sehr sich die Art der Information und Informationstiefe bei Netzauftritten auf Japanisch und Englisch unterscheidet. Ich glaube, die eben genannten Beispiele zeigen jedoch anschaulich genug, was man in Japan durch das Englische erfahren kann. Diese zwei Punkte, die Unterschiede in Bezug auf Inhalt und Menge, beweisen zur Genüge, warum man sich in Japan mit Japanisch beschäftigen sollte, wenn man Japan besser verstehen möchte. Hier fällt mir immer das bekannte Bild von Saint-Exupéry ein, vom kleinen Prinzen. Von außen betrachtet – durch eine dritte Sprache – sieht man nur einen Hut. Wenn man jedoch die Sprache des Landes erlernt und anfängt, die Kultur von innen zu betrachten, stellt man erstaunt fest, dass da ein Elefant im Bauch einer Schlange ist. Das Bild wurde natürlich nicht in diesem Sinne gemalt, aber mir scheint, dass es doch gut veranschaulicht, wie unterschiedlich eine Außen- und eine Innensicht sein können.

Darüber, dass dies auch in umgekehrter Richtung zutrifft, habe ich neulich eine interessante Aussage gefunden. Der Wirtschaftswissenschaftler Morotomi Tōru von der Universität Kyoto schreibt im Vorwort seines Buches über die Energiewende, dass er nach seiner Recherche in Deutschland und anhand von deutschen Texten zum Thema erstaunt war, wie wenig das, was er dort erfuhr, mit dem übereinstimmt, was in Japan über die deutsche Energiewende berichtet wird. Er sieht einen Grund für diese Diskrepanz darin, dass in Japan vor allem englischsprachige Literatur rezipiert wird, anstatt sich mithilfe deutschsprachiger Quellen zu orientieren. Dadurch würden, wie er sagte, der gesellschaftliche Kontext und die Diskussion in Deutschland völlig verkannt. Wenn ein Deutschlehrer so etwas behauptet, könnte man ihm Eigeninteresse vorwerfen. Hier betont jedoch ein Sozialwissenschaftler die Wichtigkeit, ja sogar die Notwendigkeit, Deutsch zu rezipieren, um zum Beispiel die deutsche Energiewende richtig zu verstehen.

Zusammenfassend ließe sich über den Drittspracheneffekt sagen, dass dieser darin besteht, dass durch den Gebrauch des Englischen als Drittsprache sprachliche und inhaltliche Veränderungen entstehen, zum Beispiel die sprachliche Umformulierung oder das Auslassen und Hinzufügen von Informationen oder die Gewichtung oder die Vernachlässigung verschiedener Inhalte.

Das besondere Leistungsangebot des GJDW zeichnet sich dadurch aus, dass es eine zuverlässige Direktverbindung in Bezug auf die jeweiligen Wörter bietet. Man begnügt sich nicht mit den Informationen in einer Drittsprache, wodurch sich Sprache und Inhalt verändern, sondern man kann als deutschsprachiger Rezipient einen direkten Zugang zum japanischen Text finden.

Die Digitalisierung

Die zweite Frage betrifft die immer rasanter fortschreitende Digitalisierung. Frau Professor Hijiya-Kirschnereit beschreibt z. B. in ihrem bereits erwähnten Aufsatz das Verhalten der Internetgeneration mit folgenden Worten: „Wie bereits bekannt ist, neigen die Studierenden dazu, nur solche Texte und Quellen zu benutzen, die leicht im Internet zu finden sind.“ Denjenigen unter Ihnen, die ebenfalls im universitären Bereich tätig sind, ist das Phänomen sicher zur Genüge bekannt, dass die Studierenden, wenn man ihnen ein Thema gibt, einfach im Internet recherchieren und die ersten, meist nicht unbedingt besten, Suchergebnisse als Quellen benutzen.

Zu Recht kritisiert Frau Hijiya-Kirschnereit in dem bereits erwähnten Aufsatz den Mangel an Kompetenz, fundierte wissenschaftliche Erkenntnisse und persönliche Meinungen voneinander zu unterscheiden. Eine ähnliche Erfahrung habe auch ich gemacht, als ich an einem kleineren Lexikon-Projekt mitgewirkt habe, dessen Ziel es war, ein Wörterbuch zur Linguistik (明解言語学辞典 *meikai gengogaku jiten*) zu erstellen. Ich selbst war für den Bereich der Soziologistik zuständig und habe daran zwar nicht wie die Herausgeber des GJDW 20 oder 25 Jahre gearbeitet, aber immerhin ein ganzes Jahr dafür geopfert. Wir haben alle Artikel zu den einzelnen Stichwörtern gegenseitig streng und kritisch auf Herz und Nieren geprüft und, wo nötig, Verbesserungen vorgenommen, damit ein zuverlässiges Nachschlagewerk entsteht. Am Ende war ich froh und auch etwas stolz, dass wir dieses Wörterbuch zur Vollendung bringen und den Studierenden damit ein ideales Hilfsmittel zum Verständnis linguistischer Fachbegriffe an die Hand geben konnten.

Doch bald musste ich feststellen, dass von den Studierenden kaum jemand auf die Idee kam, beim Verfassen von Arbeiten dieses Fachwörterbuch zu konsultieren. Alle haben bei Fachbegriffen einfach im Internet nachgesehen und die dort häufig nur unzulänglich dargestellten Erklärungen übernommen. Manchmal wurden sie sogar richtig in die Irre geführt, so dass sie den Begriff völlig falsch verstanden und interpretiert haben.

In diesem Zusammenhang hat mich auch die Frage beschäftigt: Wie gestaltet sich der Wörterbuchgebrauch bei heutigen japanischen und deutschen Studierenden? Um dies herauszufinden, habe ich eine kleine – zugegebenermaßen nicht repräsentative – Umfrage unter den Studierenden meines Seminars und in einer Vorlesung der Deutschen Abteilung gemacht. Bei uns an der Deutschen Abteilung der Sophia-Universität studieren deutsche und japanische Studierende. So konnte ich beide Sprachgruppen befragen.

Die meisten japanischen Studierenden haben geantwortet, dass sie einfach bei *Google* oder *DeepL* nachschauen oder – was mich zumindest ein bisschen positiv überrascht hat – oft auch zu elektronischen Wörterbüchern greifen, also nicht einfach nur im Internet surfen. Einige haben angegeben, auch andere Internetquellen wie *Glosbe* oder *Reverso* zu nutzten.

Bei den deutschen Studierenden war das Ergebnis diverser. Es wurde eine ganze Reihe verschiedenster Möglichkeiten genannt, u. a. Apps auf ihren Handys bzw. digitale Hilfsmittel wie *Google translate*, *DeepL*, *Shirabe jisho*, *jisho.org*, *takoboto.jp*, *wadoku.de*, *JapanDict*, *Reverso* oder *Yomichan*. Einer gab sogar an, das *NINJAL Corpus* des Nationalen Instituts für Japanische Sprache und Linguistik zu verwenden. Für alle galt jedoch: sie sind bei der Suche nach Wortbedeutungen fast ausschließlich digital unterwegs.

Dieses Ergebnis veranlasste mich, ausgehend von meiner Erfahrung mit dem obig erwähnten Linguistik-Wörterbuch zu testen, welche Unterschiede sich ergeben, wenn Studierende ein maschinelles Übersetzungsprogramm im Internet oder aber ein professionell kompiliertes Wörterbuch benutzen. Als dritte Variante wurde noch *wadoku.de* hinzugefügt. Die Hausaufgabe, die ich aufgab, lautete, dass sie zu einem japanischen Wort ihrer Wahl das GJDW, *wadoku.de* und eine beliebige Internetquelle vergleichen sollten. Die Studierenden haben sodann Nomen, Verben, Adjektive, Adverbien oder einfach bestimmte Kanji ausgewählt, deren deutsche Entsprechungen sie unter Verwendung der drei Hilfsmittel nachschlugen. Dieses Experiment fand in einem Kurs für japanische Deutsch-Studierende statt.

Die Ergebnisse waren sehr aufschlussreich, aus Zeitgründen kann ich hier jedoch nur einige Beispiele vorstellen. Nehmen wir etwa das Adjektiv *kawaii*. Dazu findet man im GJDW fast 20 deutsche Entsprechungen. Dass man *kawaii* nicht unbedingt mit einem einzelnen Wort übersetzen muss, sondern z. B. auch mithilfe eines Diminutivs wie „-chen“ ausdrücken kann, war für die Studierenden ein echtes Aha-Erlebnis. *Google* liefert bei der Eingabe des Wortes mit Kanji (可愛い) das Ergebnis „hübsch“, und wenn man Hiragana (かわいい) eingibt, wird „niedlich“ angeboten.

Als weiteres Beispiel soll uns das Wort *yappari* dienen. Bei *wadoku.de* finden sich vier mögliche Übersetzungsvarianten, nämlich: „[1] wie gesagt; wie erwartet [2] auch; ebenfalls; genauso [3] noch; noch immer; wieder; tatsächlich; doch [4] schließlich; am Ende“. Der Eintrag im GJDW (unter dem Stichwort *yahari*) ist weitaus ausführlicher und leider zu lang, um hier zitiert zu werden. Der Student fasste seine Erfahrung mit den Worten zusammen, dass er zum ersten Mal das GJDW benutzt habe und dass er dort, im Gegensatz zur maschinellen Übersetzung, keine eindeutige deutsche Entsprechung finden konnte. Diese Aussage ist aber keineswegs negativ zu verstehen. Er fügt nämlich hinzu, dass er nach der Recherche im GJDW zwar mehr Fragen als am Anfang hatte, dass er auf diese Weise jedoch erkannt habe, dass es keine Eins-zu-eins-Entsprechung zwischen Japanisch und Deutsch gibt. Dass man diesen Sachverhalt anhand einer Reihe von geeigneten Beispielsätzen konkret nachvollziehen kann, sieht er als weiteren Vorzug des GJDW an. Ähnlich äußerte sich eine andere Studentin. Hier meine Übersetzung ihres auf Japanisch verfassten Kommentars:

> „Wer einmal festgestellt hat, dass sich zwei Wörter in unterschiedlichen Sprachen nicht immer eins-zu-eins entsprechen, wird beim Übersetzen von Texten künftig nicht nur *eine* Entsprechung suchen, sondern aus verschiedenen Möglichkeiten die passendste auswählen. Wenn man denkt, es gebe auf Japanisch und Deutsch Wörter mit derselben Bedeutung, kommt man gar nicht erst auf die Idee, weiter zu suchen. Die bloße Recherche im Internet führt jedoch zu einem unvollständigen, oberflächlichen Verständnis der deutschen Sprache. Auch wenn es etwas umständlich ist, kann man beim Gebrauch von Wörterbüchern mit ihrer großen Informationsmenge einzelne Wörter vergleichen und ihre Bedeutung präzise verstehen. Es ist zu erwarten, dass sich dadurch die Sprachkenntnisse verbessern."

Zusammenfassend ließe sich sagen, dass das Leistungsangebot des GJDW im Gegensatz zu digitalen Hilfsmitteln vor allem darin besteht, dass man die Täuschung der Äquivalenz überwindet, welche – wie wir bereits im Vortrag von Professor Mishima gesehen haben – bei einer maschinellen Übersetzung häufig zu beobachten ist und uns oft in die Irre führt.

Zusammenfassung und Ausblick

Kommen wir zum Schluss. Die Bewertung der derzeitigen Lage macht Folgendes deutlich. Erstens, dass angesichts der zunehmenden Dominanz des Englischen mit einer Vergrößerung des Missverständnisses zu rechnen ist, man könne sich durch eine Drittsprache genügend verstehen. Der heikle Punkt dabei ist, dass mit der größer werdenden Zahl von Japanern, die über gute Englischkenntnisse verfügen, dieses Missverständnis wachsen wird, da man denkt, man könne sich mit Deutschsprachigen ja auf Englisch verständigen. Wie wir aber bereits gesehen haben, ist jedoch davon auszugehen, dass sowohl Japaner als auch Deutschsprachige sich auf Englisch anders ausdrücken oder sogar etwas anderes sagen würden als das, was sie im Alltag verwenden. Es ist daher zu befürchten, dass solche Missverständnisse eine exponentielle Zunahme erfahren, je mehr ausschließlich Englisch als internationale Sprache genutzt wird.

Zweitens: Mit der zunehmenden Digitalisierung und der fortschreitenden Entwicklung im Bereich der maschinellen Übersetzung ist mit einer verstärkten Täuschung dahingehend zu rechnen, dass äquivalente Texte verschiedener Sprachen problemlos maschinell erzeugt werden können. Auch hier könnte man wieder sagen: je weiter sich die maschinelle Übersetzung entwickelt, desto größer ist die Tücke der Äquivalenz. Denn wenn durch eine maschinelle Übersetzung merkwürdig klingende Sätze entstehen, die grammatisch falsch sind oder – wie einige Beispiele von Professor Mishima gezeigt haben – überhaupt keinen Sinn geben, dann ist offensichtlich, dass hier etwas nicht stimmt. Je besser die Übersetzung jedoch wird, desto weniger merkt man, dass in Wirklichkeit etwas schiefgelaufen ist und das

Ergebnis in der Zielsprache dem Ausgangstext inhaltlich nicht entspricht.

Die Frage ist: Was kann man gegen diese beiden Tendenzen unternehmen, um derartige Missverständnisse zu vermeiden? Erstens, denke ich, wird es immer wichtiger, jetzt eine zuverlässige Direktverbindung zweier Sprachen anzubieten, die durch Qualität überzeugt und die Unterschiede zwischen den Sprachen sichtbar macht. Genau das ist es, was das GJDW leistet. Damit dieses Angebot wahrgenommen wird, sollte beim Sprachunterricht, wenn wir Deutsch oder Japanisch unterrichten, auf den Drittspracheneffekt und auf die Täuschung der Äquivalenz aufmerksam gemacht werden. Solche Wörterbuchübungen, wie ich sie durchgeführt habe, könnten dabei hilfreich sein. Aber auch der Englischunterricht ist hier gefragt. Da die meisten japanischen Lernenden nur Englisch lernen, müsste es ein Teil des Englisch-Curriculums sein, auf die Grenzen des Englischen als *Lingua franca* und auf die Grenzen der maschinellen Übersetzung hinzuweisen. Dies gilt auch für den Fremdsprachenunterricht in Deutschland.

Zweitens: Um den simplifizierenden Tendenzen der interkulturellen und interlingualen Vermittlung entgegenzuwirken, ist es unumgänglich, die Nutzbarkeit zuverlässiger Direktverbindungen zwischen Japanisch und Deutsch zu erleichtern. Hier kommt u. a. die Digitalisierung des GJDW ins Visier. Es gibt ja bereits eine eingeschränkt nutzbare Internetversion dieses Wörterbuchs auf der Webseite *wadokudaijiten.de*. Um der neuen Realität der Nutzenden zu entsprechen, wäre es gut zu überlegen, wie man die digitale Version in Zukunft noch erweitern und nutzerfreundlicher machen kann, so dass sie auch praktisch die bevorzugte Wahl wird. Denn das Wörterbuch soll ja auch benutzt werden.

OAG Tokyo

Zu diesem letzten Punkt möchte ich ein ermutigendes Beispiel anführen. Das *Morohashi Daikanwa Jiten* (Taishūkan Verlag) ist das größte Kanji-Wörterbuch der Welt. Es hat über 70 Jahre gedauert (1927–2000), bis das 15 Bände umfassende Werk fertiggestellt werden konnte. Ich kann mich erinnern, dass ein Kommilitone aus meiner Studienzeit, der im Studentenwohnheim direkt mir gegenüber wohnte, die Bände dieses Wörterbuchs verkehrt herum, also mit dem Kopf nach unten, auf seinem Schreibtisch stehen hatte, damit er den benötigten Band sofort in der richtigen Richtung herausziehen und aufschlagen konnte. Für ihn als Forscher der japanischen Geschichte war und ist das Wörterbuch unentbehrlich. Inzwischen stehen die imposanten Bände jedoch nicht mehr auf seinem Schreibtisch. Das gesamte Werk wurde nämlich 2018 digitalisiert und wird nun vom Verlag auch auf einem USB-Medium angeboten, so dass man darin mühelos am PC nachschlagen kann.

Diese digitale Version weist eine erstaunliche Nutzerfreundlichkeit auf. Zum Beispiel kann man die Seiten beliebig vergrößern und verkleinern, und es gibt auch eine Lupenfunktion, um ausgewählte Stellen vergrößert anzuzeigen. Durch einen Klick kann man mühelos zu verwandten Kanji-Schriftzeichen springen, eigene Lesezeichen setzen oder nach Belieben die Farbe ändern. Auch die Druckfunktion ist sehr praktisch. Es gibt also eine ganze Menge von Möglichkeiten, die nur die digitale Version bietet – eine Tatsache, welche die Qualität des Wörterbuchs erheblich verstärkt und das Wörterbuch attraktiver macht. Diese Digitalisierung war zweifellos mit einem enormen Aufwand verbunden, aber der Aufwand hat sich in jeder Hinsicht gelohnt. Dadurch wurde erreicht, dass das Wörterbuch auch künftig als zuverlässige und nutzerfreundliche Quelle die Nummer eins unter den japanischen Kanji-Wörterbüchern sein wird.

Zuletzt möchte ich zur Fertigstellung des GJDW noch einmal herzlich gratulieren und diesem monumentalen Werk alles Gute für die Zukunft wünschen – als Gegenstück zu, aber auch als Teil dieser heutigen, sich immer stärker anglisierenden und digitalisierenden Welt.
Vielen Dank für Ihre Aufmerksamkeit.

Danksagung

Für die Unterstützung bei der Verschriftlichung des Vortrags möchte ich mich bei meinem Kollegen Prof. Dr. Reinold Ophüls-Kashima bedanken.

Aizawa Keiichi
Japanisches Kulturinstitut Köln

Schlusswort

Nachdem wir heute Abend bereits eine ganze Reihe von bedeutsamen Vorträgen hören konnten, habe ich als Vertreter der Mitveranstalter dieses Symposiums nur noch meine Dankesworte hinzuzufügen.

Dennoch möchte ich es nicht versäumen, kurz darauf einzugehen, wie die heutige Veranstaltung zustande gekommen ist. Ursprünglich hatte ich, um im Namen aller Nutzer des Wörterbuchs unseren Dank an die Beteiligten des Wörterbuchprojektes auszusprechen und die unermessliche Arbeit zu würdigen, eine Veranstaltung für das Japanische Kulturinstitut Köln konzipiert, das für den Kultur- und Wissenschaftsaustausch zwischen Deutschland und Japan steht und dessen Direktor ich gegenwärtig bin. Dazu hatte ich mit Frau Hijiya-Kirschnereit Kontakt aufgenommen. Als ich dann aber erfahren habe, dass sie nach der langen Corona-Abschließungspolitik Japans endlich wieder dorthin reisen kann und auch möchte, sind wir auf die Idee gekommen, die Veranstaltung nach Japan zu verlegen, zumal eine ähnliche Veranstaltung mit der Berlin-Brandenburgischen Akademie der Wissenschaften für den 8. November 2022 in Berlin geplant war.

Sehr dankbar bin ich Herrn Kumekawa Mario von der Keiō-Universität, der prompt unseren Vorschlag aufgenommen und zusammen mit Herrn Reinold Ophüls-Kashima von der Sophia-Universität und Herrn Matthias Wittig von der Dokkyō-Universität ein Komitee zur Verwirklichung der Veranstaltung gebildet hat. Sie haben dann die Redner der heutigen Veranstaltung angesprochen und sie als Vortragende gewinnen können. Ebenso dankbar bin ich den beiden Mitveranstaltern, dem Goethe-Institut Tokyo und der Deutschen Gesellschaft für Natur- und Völkerkunde Ostasiens (OAG) in Tokyo: Der Leiter des Goethe-Instituts, Herr Peter Anders, hat dem Veranstalter diesen Saal zur Verfügung gestellt, und Frau Karin Yamaguchi, die Vorsitzende der OAG, hat zusammen mit Frau Maike Roeder den anschließenden Empfang ermöglicht und organisiert. Verstärkt wurde das Team bei den Vorbereitungsarbeiten durch mehrere Doktorandinnen von Herrn Kumekawa sowie durch Mitarbeiterinnen und Mitarbeiter des Goethe-Instituts Tokyo. Auch ihnen allen gilt mein aufrichtiger Dank.

Die Namen sämtlicher an diesem Wörterbuchprojekt Beteiligten finden sich auf den ersten Seiten jedes einzelnen Bandes. Sie alle verdienen hohe Anerkennung. Vor allem möchte ich hier die große Leistung der vier Herausgeber hervorheben: Frau Irmela Hijiya-Kirschnereit hat als leitende Direktorin des Deutschen Instituts für Japanstudien (DIJ) das Projekt initiiert und sich leidenschaftlich und unermüdlich auf wissenschaftlicher wie organisatorischer Ebene für seine Umsetzung eingesetzt; Herr Jürgen Stalph, der heute leider nicht anwesend sein kann, hat sich als einziger unter den Herausgebern in Vollzeit dem Projekt widmen können und somit mit Abstand den größten Anteil an den redaktionellen Arbeiten geleistet. Ebenso unentbehrlich im technischen wie im lexikographischen Bereich waren die Beiträge der beiden Mitherausgeber Herr Ueda Kōji und Herr Wolfgang Schlecht, die heute im Rahmen einer Posterpräsentation im Foyer zu Gesprächen zur Verfügung stehen. Nicht zuletzt gilt unser großer Dank dem Iudicium Verlag, ohne dessen keineswegs selbstverständlichen Beitrag im redaktionellen Sektor, aber auch bei der Finanzierung das Wörterbuchprojekt nie vollendet worden wäre. Der Verlagsgründer

Herr Peter Kapitza, der sich von Anfang an offen gezeigt hat für dieses Mammutprojekt, fehlt uns heute im Saal, aber Frau Aimée Dornier, die inzwischen die Leitung des Verlags übernommen und das Projekt ideell und finanziell weiter unterstützt hat, ist heute eigens zu dieser Veranstaltung aus München angereist. Ihnen allen möchte ich im Namen aller Nutzer herzlich danken und die unbeschreiblich großen Bemühungen und die herausragende Leistung würdigen.

Manchmal hören wir kritische Stimmen zum Wörterbuchprojekt, die zum Beispiel lauten: Warum noch ein analoges Wörterbuch in Buchform im digitalisierten Zeitalter? Und warum in der Sprachkombination Japanisch und Deutsch im Zeitalter der Globalisierung? Als wollte man sagen, große Wörterbuchprojekte, und dazu noch ohne Englisch, seien obsolet und sinnlos geworden!

Natürlich ist der Fortschritt im Bereich der digitalen Wörterbücher und der Übersetzungssoftware in letzter Zeit überwältigend – eine Entwicklung, von der wir alle enorm profitieren: Unsere Generation dürfte wohl einmalig sein in der Menschheitsgeschichte, da sie den Wandel von einer analogen zur digitalen Technologie miterlebt und damit auch die dramatische Änderung unseres Umgangs mit Texten. Vieles von dem, was die Menschen der älteren Generation in der Schule gelernt haben, etwa gute Aufsätze selbstständig und eigenhändig zu schreiben oder Bücher genau und schnell zu lesen, scheint inzwischen nicht mehr relevant zu sein, während sie gleichzeitig mit den immer raffinierteren Technologien kaum Schritt halten können. Dennoch ist es ein Segen, dass wir heutzutage dank des Internets bequem von zu Hause Zugang zu einer schier unbegrenzten Masse von Texten in allen Sprachen haben, die wir dann sogar mithilfe neuester Übersetzungstechnologien in groben Zügen verstehen können. Hinter diesen unwiderstehlichen Wunderwerkzeugen stecken in Wirklichkeit jedoch zahlreiche lexikografische Datenbanken in verschiedenen Sprachen, deren Daten digital verarbeitet werden und die täglich anwachsen. Kein Wunder also, dass viele Menschen allen Ernstes glauben, Übersetzer und Dolmetscher seien durch *DeepL* oder *Google* ersetzbar und die herkömmliche Arbeit an Wörterbüchern erübrige sich.

Unsere Sprache ist aber unser Denken selbst. Sie ist nicht nur Instrument zur sachlichen Kommunikation, sondern ist mit allen, auch potenziellen Ausdrucksmöglichkeiten Trägerin sowohl des eigenen Denkens als auch unseres zwischenmenschlichen Verständnisses. Die Gespräche der Menschen sind voll von spontanen und einmaligen, subtilen und vieldeutigen Ausdrücken, wobei das mit der Sprache direkt Ausgedrückte oft bei weitem nicht identisch ist mit dem eigentlich Gemeinten. Vor allem die Literatur lebt von den unerschöpflichen und nahezu grenzenlosen Ausdrucksmöglichkeiten der Sprache, man denke nur an ironische Bemerkungen im Alltag oder etwa an den berühmten Satz „*tsuki ga kirei desu ne*" (月が綺麗ですね) – „Der Mond ist schön" – von Natsume Sōseki. Jedes Wort ist im jeweiligen Kontext lebendig, fungiert in bestimmter Sprachintention einmalig und lebt kontextabhängig nur dort. Wenn diese Wörter einmal aus dem ursprünglichen Kontext herausgerissen und ins Meer der Korpora maschinell übernommen werden, ist die herrenlose Masse der Wörter nicht mehr am Leben. Man kann mithilfe gigantischer Korpora die digitalen Wörterbücher und Übersetzungsmaschinen ständig verbessern, und diese mögen zugegebenermaßen ungeheuer praktisch sein, sie bleiben jedoch schließlich immer nivellierende Instrumente „ohne Gewähr", weil die letzten Kriterien von

Menschen gegeben werden müssen. Denn sonst bräuchte es gar keine Menschen mehr.

Das jetzt fertig vorliegende *Große japanisch-deutsche Wörterbuch* ist vielleicht das letzte Wörterbuch dieser Dimension, das noch in der guten Wörterbuchtradition hergestellt werden konnte. Auch dieses Wörterbuch wird bald in Gänze online abrufbar sein, so wie viele namhafte Wörterbücher der Vergangenheit, auf die wir nicht verzichten können. Je mehr wir von der guten alten Tradition der Wörterbücher profitieren und je mehr wir die verständnislos-kritischen Anmerkungen zum GJDW hören, desto schmerzhafter sind wir uns der Tatsache bewusst, wie anachronistisch und deshalb schier unmöglich es geworden ist, im digitalen Zeitalter wissenschaftlich fundierte und verlässliche Wörterbücher unter großem Zeitaufwand zu produzieren. Den Herausgebern und dem Verlag ist es trotzdem gelungen, gleichsam in letzter Minute der analogen Zeit die drei Bände dieses bewunderungswürdigen und unentbehrlichen Wörterbuches zu vollenden. Dafür sind wir zutiefst dankbar.

Wolfgang Seifert
Universität Heidelberg

Shimin shakai – Bürger in der Gesellschaft? Das Wörterbuch, konsultiert für ideenhistorische Arbeit

Das jetzt vollendete *Große japanisch-deutsche Wörterbuch* ist für alle Bereiche der Japanforschung und Japanwissenschaft ohne Zweifel ein Meilenstein. Das Wort klingt in Würdigungen nicht selten wie eine Phrase, doch ich jedenfalls meine es in diesem Fall ganz ernst. Als Mitglied des wissenschaftlichen Beirats des Deutschen Instituts für Japanstudien (DIJ) in Tokyo hatte ich Gelegenheit, an den Diskussionen über die Weiterführung dieses großen Projekts im DIJ teilzunehmen, und ich muss sagen, dass die Argumente derjenigen, die für einen Abbruch des Projekts eintraten, mir zu keinem Zeitpunkt eingeleuchtet haben. Doch hier soll nicht über den Verlauf dieser Diskussion berichtet werden. Vielmehr möchte ich als jemand, der zu Japan sowohl historisch, vor allem ideenhistorisch, arbeitet, als auch über Phänomene der Gegenwartsgesellschaft geforscht hat, zu meiner Nutzung des Wörterbuchs einige Bemerkungen machen.

Zur Forschung über Japans Geschichte und Gesellschaft gehört, wie ich denke, unbedingt dazu, sich mit den japanischen Forschungsergebnissen im betreffenden Themenbereich auseinanderzusetzen. Dazu müssen wir diese zuallererst kennen. Was sagen japanische Autoren und Autorinnen zum Thema? Wie können wir ihre Gedankengänge, die Quellen, die angewendete Methodik und die Forschungsresultate verstehen? Wie können wir sie, mindestens in den Grundzügen, nachvollziehen? Da sich die Dynamik der innerjapanischen Forschung selbstverständlich ganz überwiegend auf Japanisch vollzieht, besteht eine unabdingbare Voraussetzung auf unserer Seite darin, diese Beiträge auf Japanisch lesen zu können. Sich darauf einzulassen, erfordert allerdings erhebliche Anstrengungen, zumal jemand, der aus Deutschland mit Japanisch-Kenntnissen nun nach Japan kommt, um vor Ort zu forschen, schon genug damit zu tun hat, den Alltag in diesem für ihn *kulturell-historisch fremden Raum* zu bewältigen, sich also in erheblichem Maße – und nicht nur in sprachlicher Hinsicht – anpassen muss. Umso mehr Energie ist aufzubringen, wenn wir in die historiographischen Debatten, in das Geschichtsverständnis der verschiedenen Akteure eindringen oder die Regeln und Strukturen erkennen und verstehen wollen, nach denen die Prozesse des sozialen Zusammenlebens in Japan in gegenwärtigen Zeiten oder gar in der Vergangenheit abgelaufen sind oder in der Gegenwart – bei der Forschung zu Phänomenen der Gegenwartsgesellschaft – ablaufen. Nicht selten hatte ich in Japan, diesem *kulturell-historisch fremden* Raum, das Gefühl, mit meiner Forschung zu scheitern. Dies eben wegen der Mauern, die sich vor einem wegen der Alterität, die zum Vorschein kommt, auftürmen. Wie also sich verständigen, wenn man den Ausgangspunkt des eigenen Weges unter ganz anderen Voraussetzungen gewonnen hat, wenn man sozusagen in einer heimischen Begriffswelt aufgewachsen ist?

Nach welchen Prinzipien ist der eigene Mikrokosmos des Verstehens angeordnet, nach welchen Regeln funktioniert die soziale Welt um einen herum, in der man bisher, vor der Reise nach Japan, agiert, gedacht, gewertet und bewertet hat? Und in welcher Weise sind diese heute noch (wenn auch nur teilweise) geltenden Prinzipien historisch geprägt? Zum Nachdenken darüber wird man stärker gedrängt, wenn man sich neu in der fremden Gesellschaft bewegt und die eigene Gesellschaft, in der das Handeln meistens unbewusst abläuft, verlassen hat. Geht es also darum, nicht nur Themen der Geschichte und Gesellschaft Japans von außen zu erforschen, sondern auch die in Japan entstandenen Perspektiven in den Horizont der hiesigen akademisch-wissenschaftlichen und möglicherweise sogar der öffentlichen Diskussion hineinzuholen, geht es also darum, „Japan" zu verstehen und zugleich neue Sichtweisen für uns selber zu gewinnen, dann wird vor allem das Erschließen, Übersetzen und Analysieren von Texten zur Aufgabe.

Drei Beispiele möchte ich hier geben. Vorab ein kurzer Hinweis: Ich weiß natürlich, dass der gesamte Bereich der Gesellschaft und das fachliche Vokabular, das wir beim Sprechen und Schreiben über Gesellschaft und Politik gebrauchen, nicht als weiteres Spezialgebiet des Wörter- und Begriffsmeeres in das GJDW aufgenommen wurde. Trotzdem wähle ich für mein erstes Beispiel einen Begriffseintrag, der in dieses Gebiet fällt. Ich habe dabei bewusst die Forschungs- und Lebenskonstellation des forschenden Menschen aus dem Ausland einmal umgedreht. Somit ist in meinem Beispiel der Forscher ein *japanischer* Wirtschaftshistoriker, der für ein paar Wochen in *westeuropäische* Länder reist, um dort Untersuchungen durchzuführen und an wissenschaftlichen Tagungen teilzunehmen, und der bei dieser Gelegenheit auch das Gespräch mit europäischen Kollegen und Kolleginnen sucht. Dabei erlebt er natürlich auch die kulturellen und intellektuellen Hintergründe seiner Gesprächspartner und versucht, seine Alltagsbeobachtungen zu ordnen. Für diesen japanischen Forscher ist nun, umgekehrt wie bei meinen eigenen Erfahrungen während meiner Forschungsaufenthalte in Japan, eben das betreffende westeuropäische Land – zum Beispiel Großbritannien, Italien, Frankreich – der *kulturell-historisch fremde Raum*, in den er sich als Japaner praktisch, in konkreten Situationen, hineinfinden muss, will er kommunizieren und das Gehörte und Geschriebene verstehen und es reflektieren. Es ist diese Situation, die jemanden, der oder die in der Fremde ist, unwiderstehlich zurückzwingt in das eigene „geistig-psychische Lager", in dem man erzogen und ausgebildet wurde.

Nun gab es in den 1960er Jahren in Japan in den Wissenschaften eine neue Blütezeit der Beschäftigung mit der Wirtschafts- und Gesellschaftsgeschichte von Karl Marx und mit der von ihm inspirierten Theorie der gesellschaftlichen Entwicklung. Eingeladen war also damals der Fachmann für Wirtschaftsgeschichte und Marxsche Wirtschaftstheorie, Hirata Kiyoaki (1922–1995). Er gehörte zu einer akademischen Gruppierung, die „Gruppe Bürgerliche Gesellschaft" (*Shimin shakai-ha*) genannt wurde. (Von der älteren Generation sind als Mitglieder Takashima Zen'ya und Uchida Yoshihiko zu nennen. Dann folgte die Generation von Hirata selber, während zu Hiratas Schülern hier die auch mit Deutschland verbundenen Gelehrten Yagi Kiichirō und Uemura Kunihiko gehören.) Bei der 1968 in Schottland stattfindenden Tagung ging es um die Ideen der Aufklärung. Vor allem mit Wissenschaftlerinnen und Wissenschaftlern aus europäischen Ländern, doch auch mit jenen aus nicht-westlichen Ländern, diskutierte Hirata, und nun denkt er auf dem Heimflug von Amsterdam nach Tokyo-Haneda über seine Begegnungen nach.

Er schrieb in seinem in Japan viel beachteten Buch „Bürgerliche Gesellschaft und Sozialismus" (*Shimin shakai to shakaishugi*, Tokyo 1969: Iwanami Verlag): „Wie die Wirtschaftswissenschaft von Adam Smith

(1723–1790), Autor des berühmten Werkes „Der Wohlstand der Nationen" (*The Wealth of Nations,* 1776), so ist auch die Wirtschaftswissenschaft von Karl Marx (1818–1883) eine universale Theorie, hervorgebracht vom Intellekt Westeuropas. Sie ist eine gegenüber der westeuropäischen bürgerlichen Gesellschaft (*shimin shakai*) kritische Theorie – eine kritische Theorie mit einem weiten Geltungsanspruch insofern, als sie das System des Kapitalismus universal in Frage stellt. Aber – und das ist meine Frage – ist die ökonomische Lehre von Marx auch direkt gültig und anwendbar auf nicht-westeuropäische Länder, zu denen auch Japan zählt? Dass sie direkt gültig und anwendbar ist, davon ist man ja bei uns in Japan ausgegangen. Rührt jedoch die universale Anwendbarkeit des Denkens und der Theorien von Marx nicht daher, dass seine Theorie, die ja auf westeuropäischen Ideen und Theorien aufbaut, letztere eben doch überschritten hat? Gerade weil die Besonderheit der westeuropäischen bürgerlichen Gesellschaft einen Typus der Gesellschaftsgeschichte als Zivilisationsgeschichte darstellt, ist diese in Westeuropa entstandene immanente Kritik an den Grenzen, die diese westeuropäische Besonderheit hat, eine Erkenntnistheorie. Zugleich konnte sie selbst einen Begriffsapparat auch für die Analyse nicht-westlicher und asiatischer Gesellschaft bereitstellen."

Um seinen eigenen Ansatz zu verdeutlichen, bedient sich der Autor einer Einschätzung der gesellschaftlichen Umbruchsituation in Russland durch Karl Marx. 1881 [zwei Jahre vor seinem Tod] hatte Marx nämlich in einem Brief der russischen Revolutionärin Vera Sassulitsch auf ihre Frage, welche Perspektiven eine soziale Revolution in Russland habe und ob dabei das Überspringen der Phase der bürgerlichen Gesellschaft denkbar und möglich sei, so geantwortet: „Die eigene Theorie [von mir und Engels,

W. S.] des Übergangs von der feudalen zur kapitalistischen Produktionsweise kann man auf Russland nicht anwenden." Aus dieser Marxschen Einschätzung der russischen Entwicklung folgert Hirata weiter, dass man die Theorie der westeuropäischen Entwicklung auch nicht auf Japan, als ein nicht-westliches Land, übertragen könne. Hirata nennt in diesem Zusammenhang die Grundkategorien für das Verstehen der bürgerlichen Gesellschaft in den westlichen Ländern, vor allem: „Privateigentum", „Handelsverkehr", „Kommerz", „bürgerliche Gesellschaft". Er tut dies, indem er ihre Bedeutung bei Adam Smith und Karl Marx erklärt. Die beiden werden ja meistens als Antipoden dargestellt, was aber nur zur Hälfte stimmt. Darauf möchte ich hier nicht eingehen. Wichtig ist, dass Hirata diese Kategorien dann grundsätzlich anzweifelt, wenn es um das Verstehen asiatischer Gesellschaften einschließlich Japans geht. So weit nur kurz zu seinem Verständnis des Begriffs „bürgerliche Gesellschaft" (*shimin shakai*).

Dass wir nicht mit Hilfe der lexikalischen Einträge allein übersetzen und verstehen können, zeigen die vielerlei Bedeutungen des japanischen *shimin shakai* im Deutschen. Sofern wir mit der im GJDW angegebenen deutschen Übersetzung „Bürgergesellschaft" etwas meinen, das der „bürgerlichen Gesellschaft" nahekommt oder sogar als ein Synonym dafür gilt, stellt sich die Frage, ob und wie sich „Bürgergesellschaft" sowie die dort als zweite Übersetzung angegebene „Zivilgesellschaft" voneinander unterscheiden. Dazu der Wortgebrauch in einer kürzlich erschienenen Nachricht aus der *Süddeutschen Zeitung*: „Dem Forum für einen zivilgesellschaftlichen Austausch [gemeint ist hier der sogenannte Petersburger Dialog] fehlt wegen des Krieges [in der Ukraine] die politische Grundlage." (SZ, 22.11.2022) Hier bedeuten

„zivilgesellschaftlich“ und „Zivilgesellschaft“ offenkundig, dass Personen aus dem zivilen Bereich der Gesellschaft – und eben nicht Angehörige der Regierung, der Ministerialbürokratie oder gar des Militärs – diesen Dialog führen oder geführt haben. „Zivilgesellschaft“ meinte bei Adam Smith aber noch *civil society* im Sinne der vom aufstrebenden Bürgertum geprägten Gesamtgesellschaft. In der zitierten Meldung meint „Zivilgesellschaft“ demgegenüber eine Teilmenge der Gesamtgesellschaft, nämlich jenen Teil der Bevölkerung, der sich aktiv engagiert. Es hat nämlich beim Begriff *civil society* ein Bedeutungswandel stattgefunden. Diesem liegt zugrunde, dass schon vor 1989 die politische Opposition gegen den Staat in den osteuropäischen Ländern als eigenständiger Akteur in den Vordergrund getreten war. Dieses Phänomen wurde nach und nach durch Arbeiten nordamerikanischer Forscher, später vor allem von Jürgen Habermas theoretisch erfasst.

Dieser Bedeutungswandel des Begriffs kann nun im Fall der beiden im GJDW angegebenen deutschen Übersetzungen nicht nachvollzogen werden. Die Bedeutungen des antiken *societas civilis* und des englischen *civil society*, jeweils weitergeführt von Adam Smith und dann in Deutschland von Hegel und Marx mit Hilfe des Begriffs „bürgerliche Gesellschaft“ einerseits, und die heutige Bedeutung von „Zivilgesellschaft“ andererseits decken sich nicht. „Bürgerliche Gesellschaft“ damals und „Zivilgesellschaft“ heute sind somit etwas völlig Verschiedenes. Dennoch finden wir im Wörterbuch nur diese beiden deutschen Übersetzungen für den *einen* japanischen Ausdruck *shimin shakai*. (*Der Vortragende wendet sich lächelnd der Mitherausgeberin Irmela Hijiya-Kischnereit zu und fährt dann fort*:) Hätten die Herausgeber mich doch bloß gefragt! Das Beispiel zeigt, dass wir, wenn wir in einem japanischen Text auf dieses Kompositum stoßen, gehalten sind, den jeweiligen Kontext genau zu untersuchen, um dann das richtige Wort dafür im Deutschen einzusetzen. Andernfalls kommt es unvermeidlich zu Fehlern.

Ein anderes Beispiel aus der Arbeit mit dem Wörterbuch ist der Eintrag zu *shakai* (= Gesellschaft). Er bezieht sich damit also nur auf den zweiten Bestandteil des Kompositums. Zu *shakai* gibt das GJDW folgende Erklärung: „die Gesellschaft, die Allgemeinheit; die Öffentlichkeit; die Gemeinschaft; die (um ein gemeinsames Interesse gebildeten) Kreise.“ Danach folgt – und darum geht es mir an dieser Stelle – folgende Anmerkung: „Meijizeitl. Lehnübers. f. society, Gesellschaft usw.; anfangs auch in engerer Bedeutung u. konkurrierend mit Begriffen wie *kōsai* 交際, *naka-ma* 仲間, *renchū* 連中, bisweilen auch überlappend mit → *kai-sha* 会社; ab Mitte der 1870er Jahre in der heutigen Bedeutung ›Gesellschaft‹.“ (GJDW Bd. 3, S. 858–859)

Solche Anmerkungen zur Geschichte eines Wortes oder Begriffs finden sich im *Großen japanisch-deutschen Wörterbuch* also auch, doch sind sie nicht so häufig. Begriffsgeschichte zu liefern, wie knapp auch immer, ist natürlich nicht das Ziel in einem Wörterbuch der Gegenwartssprache und kann es auch gar nicht sein. Dafür müssen wir eben spezielle Lexika aus dem jeweiligen Fachgebiet konsultieren. Sie sind dann meistens Japanisch-Japanisch abgefasst, haben jedoch einen wesentlichen Vorteil gegenüber westlichen Fachlexika: Es werden nämlich außer dem japanischen Haupteintrag die etablierten Übersetzungen des Begriffs in mehreren westlichen Sprachen angegeben, bei Wörtern und Begriffen aus dem arabischen, indischen, chinesischen Kulturbereich zusätzlich sogar das Pendant in den betreffenden Sprachen. (Die besten Einzelanalysen zu Grundbegriffen im Zusammenhang mit „Bürger“ bietet übrigens das von dem Historiker Manfred Hettling und dem Japanologen und Historiker Tino Schölz herausgegebene Buch „*Bürger* und *shimin*“, München 2015: Iudicium Verlag.)

Heißt dies nun aber, dass Grundbegriffe der westeuropäischen Geistes- und Gesellschaftsgeschichte wie etwa „Freiheit“ – das ist mein drittes Beispiel – in der japanischen Gesellschaftsgeschichte gar nicht vorkommen? Oder dass sogar die Idee und Praxis von „Freiheit“ in Japan nicht vorhanden wären? Nein, das wäre eine kurzsichtige Schlussfolgerung. Natürlich gab es und gibt es das Streben nach „Freiheit“ auch in Japan, doch welche Freiheit ist jeweils gemeint? Entscheidend ist eben herauszufinden, welche Bedeutung das Wort im jeweiligen Kontext hat und wie es dann in der Übersetzung ins Deutsche präzisiert werden müsste. „Freiheit“ – in Deutschland kürzlich ja zur „Floskel“ des Jahres 2022 gekürt, in der politischen Auseinandersetzung geradezu inflationär benutzt und vielfach von politischen Parteiinteressen instrumentalisiert – ist überhaupt nur in Verbindung mit dem konkreten Kontext sinnvoll zu gebrauchen. Ein Blick auf das Japan der Meiji-Zeit, in der in großem Stil politische Ideen und Konzepte mittels Übersetzungen aus Westeuropa ins Land hineinströmten, gibt einen Wink, wie wir herangehen müssten. Hier ein Zitat aus einer Sammlung von Gedichten im chinesischen Stil aus dem Jahr 1876, also wenige Jahre nach der Meiji-Erneuerung: „Die Unterdrückung ist zu Ende und das Volk kann zum ersten Mal aufatmen (…) Aber in Sachen Freiheit vertut euch nicht bei der Moralerziehung! Sich eine Mätresse kaufen und seine eigene Frau verkaufen, sie also zur Prostitution zwingen – auch das ist Freiheit.“ Und der Historiker Takekoshi Yosaburō (1865–1950) schreibt in seiner *Geschichte des*

Neuen Japan 1891: „Angesehene Leute laufen ganz offen mit Dirnen an ihrer Seite durch die Stadt. Und wenn ihnen anständige Leute dies vorwerfen, dann sagen sie bloß, heutzutage sei eben die ‚Zeit der Unabhängigkeit und Freiheit' angebrochen und man solle sich doch jetzt nicht länger an irgendwelche Sitten halten (…) Alles ist jetzt möglich, alle sind unabhängig und frei, so wie in den Ländern des Westens." Zweifellos hat „Freiheit" in Japan mit „1868" eine neue Bedeutung bekommen. Und wie viele andere Bedeutungen gab es damals schon in Japan!

Die immense Arbeit an diesem nun vollendeten Wörterbuch zahlt sich für uns als Nutzer aus, indem es dem *genauen* Verstehen von Texten und mündlichen Äußerungen in japanischer Sprache dient. Letztlich dient es also dem Verstehen der kulturellen Produktion Japans in den Bereichen der japanischen Literatur, der Wissenschaft und des gesprochenen Japanisch der Alltagssprache. Zu all diesen Bereichen – und wie sollten wir ohne das leben können? – öffnet das GJDW die Tür; man tritt ein in einen endlosen Raum. Ein bestimmter Teil dieses Raumes ist dem kulturellen Erleben, besonders in der Literatur gewidmet. Das Erleben führt uns weg von der nackten Broterwerbsarbeit und gibt uns Freude im Erkennen und Verstehen Japans, indem wir uns mit den Details der Sprache beschäftigen können.

Viktoria Eschbach-Szabo
Universität Tübingen und Tokyo College

Japanisch und Deutsch als Wissenschaftssprachen – und ein ZEN-sationelles Wörterbuch

Will man ein komplexes Phänomen wissenschaftlich erforschen, bedarf es, um eine möglichst breite Realität einzufangen, der Kontextualisierung und einer facettenreichen Betrachtung und Beschreibung. Die Naturwissenschaften sind traditionell auf Gesetzmäßigkeiten und Reproduzierbarkeit ausgerichtet, während die Geisteswissenschaften mehr darauf fokussiert sind, einmalige Erfahrungszeugnisse in Bezug zu setzen.

Wenn ich an der Berlin-Brandenburgischen Akademie der Wissenschaften über Wissenschaftssprachen spreche, sollte ich umreißen, wo eigentlich die Lexikologie in diesem Spektrum steht. Die Lexikologie – wie die Linguistik allgemein – operiert mit beiden Prinzipien, denen der Natur- und denen der Geisteswissenschaften. Meine langjährige Zusammenarbeit mit Naturwissenschaftlern an der Eidgenössischen Technischen Hochschule in Zürich und die wahrlich interdisziplinäre Art am Tokyo College haben mich etwas gelehrt: Heute kann man seine Neugier auf die Welt besser zusammen mit verschiedenen Wissenschaftszweigen und einer profunden Sprachreflexion stillen, als wenn man sich nur auf eine Disziplin beschränkt und nur eine Terminologie unreflektiert anwendet. Wo Menschen Spuren hinterlassen oder kreativ etwas gestalten, produzieren sie Sprache oder andere Zeichen. Diese wollen wir in den Geisteswissenschaften semiotisch genauer verstehen.

Nicht nur die Methode, sondern auch der Fokus der Fragestellung ist je nach Fachrichtung unterschiedlich. Bei der Vermessung der Welt untersuchen die Naturwissenschaften gespannt Phänomene der Natur, die Ingenieurwissenschaften erkunden, wie Artefakte funktionieren, und die Mathematik wendet bestimmte künstliche Zeichensysteme an. Wenn also die Geisteswissenschaften – hier konkret die Lexikologie – sich mit der Interpretation von kulturellen Produkten befassen, kann man darauf hoffen, dass das, was an wertvollem Wissen in den Wörtern steckt, nach den Leibnizschen Idealen transparent gemacht werden kann. Um nur ein einfaches Beispiel anzuführen: Mit den Namen von Sachen werden oft deren unterschiedliche Eigenschaften benannt. Erkennen kann man das leicht bei den von verschiedenen Völkern gebrauchten Pflanzennamen. Dass das Wissen durch Betrachtung sprachlicher Objekte ganz wunderbar befördert werden kann und dadurch der in letzter Zeit in der deutschen Publizistik wieder aktuell gewordene menschliche Geist sich eindrucksvoll entwickelt, sehen wir an dem Projekt des *Großen japanisch-deutschen Wörterbuchs* von Frau Hijiya-Kirschnereit und ihren Mitstreitern Jürgen Stalph, Ueda Kōji und Wolfgang Schlecht, die dieses groß angelegte Unternehmen in Angriff genommen und nicht zuletzt dank der tatkräftigen und unermüdlichen Unterstützung des Verlagshauses Iudicium erfolgreich abschließen konnten.

Betrachten wir einen Fall wie die Kulinaristik, wo lokale kulturelle und sprachliche Traditionen und die Möglichkeiten, die sie für wissenschaftliche Innovation bieten, gut zu erkennen sind. Die japanische Küche, die in Kontinentaleuropa mittlerweile fast alltäglich geworden ist, bezieht wie andere hoch entwickelte Kulturtechniken auch viele gesundheitliche Aspekte in die Zubereitung ein. So wird die japanische Küche in der Lifestyle-Welle als besonders gesund angepriesen. Nun fragen Sie sich, was das mit der Wissenschaft zu tun hat. Hier kann man indes eine Verbindung zu sehr vielen Wissenschaftsdisziplinen finden. Die Medizin wäre als Biochemie ein Weg, gesundheitliche Aspekte zu erforschen und das Wissen darüber voranzubringen.

In diesem Zusammenhang möchte ich aber auf eine bahnbrechende Erfindung hinweisen, die ganz anders gelaufen ist. Den Wenigsten wird der Name des japanischen Wissenschaftlers Endō Akira bekannt sein. Dieser hat nicht nur in der Natur vorkommende pflanzliche Schimmelpilze, sondern auch Produkte berühmter Restaurants in Japan, die künstliche Fermente einsetzen, untersucht, um aus *kōji* (sinojapanisch „Hefe" oder deutsch bereits als japanisches Lehnwort „*das Koji*") eine Untersorte – den Schimmelpilz *Aspergilus oryzae,* japanisch *akakabi* „Rotschimmel" – genauer beschreiben zu können. Seine Forschungen erfolgten in den Jahren 1971 bis 1980, wobei er nach 600 Versuchen in einem kleinen Restaurant in Kyoto endlich die richtige, für die Gesundheit nützliche Schimmelpilzsorte fand, um diese dann als *Penicillium citrinum* aus fermentiertem Reis zu bestimmen. Alte Herstellungstechniken und das Sprachwissen konnten in Japan als Erfahrungsschatz, der mit der chinesischen traditionellen Medizin verbunden ist, zur revolutionären Entdeckung der *Statine* (benannt in der globalen Wissenschaftssprache auf Latein) führen. Statine sind die Grundlage für bluthochdrucksenkende Mittel, die nun weltweit eingesetzt werden. Professor Endō ist mit der erfolgreichen Sprachwissenschaftlerin Endō Orie verheiratet, die wiederum ebenso minutiös an sprachlichen Zeichen soziale Unterscheidungen und Veränderungen sowie Verstehensprozesse erforscht.

Naturwissenschaftliche Enzyklopädien halten die neuen Erfindungen der Statine fest. Darüber hinaus kann man in einem Wörterbuch Spuren und Elemente zeigen, wie diese Idee sowohl in der japanischen Sprache als auch in der westlichen Terminologie einzuordnen ist und damit Teil des deskriptiven, dokumentierenden, vergleichenden Sprachwissens wird. Hinter der Untersuchung der Terminologie steckt die Idee, dass nicht nur die Objekte, sondern auch ihre Benennungen zu Inspirationen führen können, um als Bausteine der „Kathedrale des menschlichen Geistes", wie der deutsche Sprachwissenschaftler Jürgen Trabant es treffend nennt, zu dienen.

Einige werden jetzt fragen, warum nicht gleich auf Englisch denken, wenn es um heutige Zusammenhänge in den Naturwissenschaften geht. Nun publizieren weltweit viele Gelehrte auf Englisch, solange aber Englisch nicht deren Erstsprache ist, werden sie beim Beschreiben, Denken und Entwickeln auch viele kognitive Relationen in anderen Sprachen haben, die nützlich sein können. Uns ist bewusst, dass sowohl im Japanischen als auch im Deutschen eine große, profunde Wissenschaftstradition existiert. Durch die Schriftlichkeit und durch die lange Tradition wissenschaftlichen Denkens sind die Sprecher dieser Sprachen extrem privilegiert. Auch wenn das Englische oder (besser) „Globalesische" nun als DIE Wissenschaftssprache gilt, ist diese nur für einen Teil der Menschheit unmittelbar zugänglich. Regionales und historisches Wissen, wovon sicherlich nur ein Bruchteil ins Englische oder in irgendwelche andere Sprachen übersetzt ist, hat noch weiter als unentdeckter Schatz zu gelten. Um dieses Wissen aufzuarbeiten und in andere sprachliche Räume zu transponieren, sind umfassende und profunde Nachschlagewerke wie das nun vollständig vorliegende *Große japanisch-deutsche Wörterbuch* für alle, die als Primär- oder

Sekundärsprecher eine Sprache sprechen und lesen können, enorm wichtig.

Für eine detaillierte Beschreibung der Sprachlandschaft unserer Welt ist die Zeit heute zu knapp, aber nach meiner Überzeugung sollte man neben der hyperzentralen Sprache Englisch, die sich als *Lingua franca* für alle Wissenschaftler etabliert hat, auch die Sprachen lexikalisch erfassen und miteinander verbinden, die eine lange und ertragreiche Tradition in den Wissenschaften haben. Als solche haben wir hier nun Japanisch und Deutsch als „superzentrale Sprachen" mit einer hervorragenden lexikologischen Tradition als wunderbare Beispiele vor uns. Diese stehen aber nicht nur für sich, sondern verbinden auch die eurozentrische Wissenschaftstradition, die über Latein und Griechisch mit anderen Wissenschaftssprachen als Sprachraum verbunden ist, mit der sinozentrischen Tradition und dem klassischen Chinesisch. West und Ost können so in mehreren Schichten verbunden werden.

In der geschriebenen Sprache haben Japanisch und Deutsch unterschiedliche Pfade der Schriftsemiotik gewählt. Die japanische Schrift, die sowohl logographische als auch mehrere lautliche Systeme als Mischschrift benutzt, um die in den europäischen Sprachen benutzte Buchstabenschrift intelligent zu verbinden, ist ein schweres Unternehmen für diejenigen, die auf der jeweils anderen Seite recherchieren wollen. In dem *Großen japanisch-deutschen Wörterbuch* (2009–2022), das von Matthias Koch mit Recht als Jahrhundertwerk gepriesen wird, wurden innerhalb der modernen japanischen Gegenwartssprache nicht nur etwa 90 Fachsprachen aus verschiedenen wissenschaftlichen Gebieten erfasst. Es wurde auch daran gedacht, die Tücken der unterschiedlichen kognitiven Mechanismen der Schriftarten sowohl für die japanischen als auch die deutschen Benutzer möglichst vielschichtig und kognitiv passend zu gestalten. Vielschichtigkeit meint hier, dass die Worteinträge mit historischen Ableitungen, soziolinguistischen und morphologischen Informationen und auch Lesehilfen für diejenigen, die das Lesen der chinesischen Schriftzeichen und der japanischen Silbenschrift erst einmal erlernen sollen, ausgestattet werden. Diese revolutionäre Art der Gestaltung einer erleichterten Interpretation, die das japanische Schriftsystem bewusst „umrechnet“, ermöglicht auch Forschern aus anderen sozialwissenschaftlichen oder naturwissenschaftlichen Fächern, die nicht so viele chinesische Schriftzeichen, wie sie im Japanischen benutzt werden, beherrschen, die Einträge besser zu verstehen. Mit Hilfe des Wörterbuchs können sie mutig selbst japanische Informationen bearbeiten. Gleichzeitig kann man im Hinblick auf den fantastischen Umfang und die Auswahl der Wörter mit gutem Gewissen behaupten, dass zwischen Japanisch und Deutsch der Alltagswortschatz und der Wortschatz vieler Wissenschaften zum ersten Mal wirklich gründlich und umfassend in einem Kompendium erfasst wurden. Weiter ist auch die Systematik der Hierarchisierung der lexikalischen Informationen beeindruckend.

Als wir im Jahr 2015 den 2. Band des GJDW in den Händen halten konnten, war zu hoffen, dass dieses anspruchsvolle Projekt bald als Ganzes zu bewundern wäre. Bei einer Veranstaltung im Jahr 2018 ebenfalls hier an der Berlin-Brandenburgischen Akademie der Wissenschaften habe ich mich damit beschäftigt, wie es um Wörterbücher des Japanischen mit anderen ebenfalls superzentralen europäischen Sprachen steht. Damals konnte ich berichten, dass dieses Wörterbuch auch im Vergleich zu anderen Sprachen wahrlich einmalig ist. Ein vergleichbares Nachschlagewerk für Japanisch ist digital oder auf Papier aktuell nicht zu finden. Alle mir bekannten japanisch-englischen, japanisch-chinesischen und japanisch-französischen Wörterbücher und die digitalen Datenbanken erreichen nicht dieses Niveau.

Was können solche Wörterbücher für die globale Informationsgesellschaft bedeuten, oder sehen wir Anzeichen, dass wir auf eine moderne Desinformationsgesellschaft zusteuern? Abgebrochene Wörterbücher oder dilettantische digitale Wörterbücher für Japanisch gibt es viele. Auch bei diesem Wörterbuch gab es genügend Skeptiker und Gegner. Dennoch wurde es erfolgreich zu Ende geführt. Die größten Hindernisse entstanden womöglich dadurch, dass wir uns in Europa so wenig mit Verbindungen zwischen Sprachen, Investitionen in Sprachen und sprachlicher Gleichberechtigung und Translationen beschäftigen. Dabei meine ich nicht nur die offiziellen Sprachen in Europa, sondern auch die Sprachen der wichtigsten Weltregionen, mit denen wir in Wissenschaft, Handel und Bildung in Kontakt stehen. Meine Kritik wird von Digitalisierungsexperten der EU geteilt, die Sprachbarrieren als größtes Hindernis der europäischen sozialen und digitalen Integration sehen. In der Studie „Language equality in the digital age – Towards a Human Language Project“ (Study IP/G/STOA/FWC/2013–001/Lot4/C2 March 2017) sind die kritischen Punkte aufgeführt. Es gibt immer noch kaum Versuche einer sinnvollen multilingualen und digitalen Strategie für eine transnationale, mehrsprachige Verwaltung, die Mobilität der Arbeitskräfte, Informationen für Wissenschaftler, Handel, Erziehung und Politik. Auch heute noch sehen wir große Ungleichheiten in der Beherrschung der Weltsprachen in Europa.

Auch wenn es sehr schwer gewesen ist, für so ein Unterfangen, wie das *Große japanisch-deutsche Wörterbuch* in Buch- und in digitaler Form eine gute Arbeitsgrundlage zu finden, haben der Verlag und die Herausgeber des Wörterbuchs dennoch durchgehalten und uns ein fantastisches Werk zur Verfügung gestellt, mit dem wir uns auf dem west-östlichen Diwan auf das Bequemste niederlassen können.

Nun zurück zu meinem ZEN-Zitat. Ja, dieses Wörterbuch ist ZEN-sationell. ZEN kann in Buchstabenschrift mehrere Dinge bedeuten, die nicht eindeutig sind. In japanischer Schrift sind die in chinesischen Schriftzeichen geschriebenen Varianten von ZEN semantisch klarer. Zen kann sowohl „eine Gesamtheit“, „das Davor“, „das Gute“, „das Stück-für-Stück-Vorangehen“, „ein Esstischchen“ oder „die Zen-Meditation“ bedeuten. Im Credo der Gestalter des Wörterbuchs, dass die Wort-Welten zusammenwachsen und in ihrer Symbiose innovativ in vielen Wissenschaften wirken werden, ist es ZEN-gut. Es ist aber auch magisch ZEN-sationell, denn es zeigt, wozu ein Team fähig ist, wenn es so lange Jahre über Wörter meditiert und uns die Augen für so viele spannende Dinge in Japan öffnet.

Axel Weidemann
Frankfurter Allgemeine Zeitung

Die drei Pfeiler der Brücke nach Nippon

Nach einem Vierteljahrhundert Arbeit ist jetzt das neue Große japanisch-deutsche Wörterbuch *abgeschlossen worden: eine Momentaufnahme der Sprache, aber doch auch ein episches Unterfangen.*

Wenn sich die Sprache wandelt, das heißt, mit der Zeit geht, altert sie dann eigentlich? Verjüngt sie sich? Menschen, die fern ihres Vaterlandes leben, müssen sich jedenfalls bei Besuchen in der Heimat oft anhören, ihre Muttersprache wäre von gestern. Mit Wörterbüchern verhält es sich ähnlich. So kann es zwischen all den Sprachen der Welt passieren, dass der nach Bedeutung fremder Worte Suchende etwas nachschlagen will und eine unfreiwillige Zeitreise von mehreren Jahrzehnten unternimmt – manchmal ins Nichts.

Als in dieser Zeitung im September 1997 vom Vorhaben der Zusammenstellung eines neuen umfangreichen japanisch-deutschen Wörterbuchs berichtet wurde, war die erste Auflage des damals aktuellen Standardwerks, des *Großen Japanisch-Deutschen Wörterbuchs* von Kimura Kinji, kurz „der Kimura“, bereits sechzig Jahre alt. Vergleichsweise moderne Wörter wie Pflegeversicherung (*kaigo-hoken*) oder Fernbedienung (*rimokon*, angelehnt ans englische „remote control“) waren im Kimura seinerzeit nicht zu finden. Das waren aber nur zwei von vielen Gründen dafür, dass sich vor 25 Jahren am Deutschen Institut für Japanstudien (DIJ) in Tokio eine Gruppe von Experten entschloss, ein zeitgemäßeres Wörterbuch für japanisch-deutsche Sprachvermittlung zusammenzustellen.

Der letzte Band, „O – Z“, dieses Jahrhundertprojektes ist jetzt veröffentlicht worden.

Ursprünglich war das Vorhaben auf fünf Jahre angelegt. Doch das neue *Große japanisch-deutsche Wörterbuch* hat einen steinigen Weg hinter sich. Nachdem der erste Band im Jahr 2009 publiziert wurde, hieß es, man wolle die Bände, die den dreifachen Umfang des Kimura erreichen sollten, bis Ende 2015 vorlegen. Doch das Projekt war gefährdet. Bereits 2008 wurde bekannt, dass das DIJ die Finanzierung des Wörterbuchs nicht mehr fortsetzen wollte. Gerettet wurde es unter anderen durch die Japanologin und Mitherausgeberin Irmela Hijiya-Kirschnereit, die das Projekt von 2012 bis 2018 an die Freie Universität Berlin umsiedelte, durch Peter K. Kapitza, den Inhaber des Iudicium Verlags, der das Vorhaben mit Eigenmitteln fütterte, und durch die Deutsche Forschungsgemeinschaft (DFG) und Förderer, die es mit Spenden unterstützen. Gerettet aber vor allem, weil der Mitherausgeber Jürgen Stalph als zentrale Figur und die zahlreichen Mitarbeiter sich nicht haben irremachen lassen. Sieben Mal hinfallen, acht Mal aufstehen (*nanakorobi yaoki*), lautet ein japanisches Sprichwort.

Jürgen Stalph erinnert sich: „Das Projekt hat mit der Schaffung einer einzigen neuen Stelle am DIJ begonnen: meiner. Das sollte gewährleisten, dass alle angestammten wissenschaftlichen Aufgaben des Instituts ohne Bindung weiterer Kräfte uneingeschränkt weiter wahrgenommen werden können.“ Überhaupt sei es hart, solche wissenschaftlichen Langzeitprojekte auf den Weg zu bringen: „Im DIJ ist es kaum möglich gewesen, über fünf Jahre hinaus zu planen, sodass ständig Folgeanträge geschrieben, neuerlich die Notwendigkeit begründet, der gute Verlauf bewiesen, die Langsamkeit des Voranschreitens bestritten werden musste.“ Aus diesen Gründen war es auch schwierig, fähige Leute anzuwerben. „Einerseits sind Jahres- oder gar Werkverträge von wenigen Monaten Dauer kaum lukrativ, andererseits sind gut ausgebildete Philologen, Linguisten, Lexikographen mit den entsprechenden Japanischkenntnissen rar“, sagt Stalph.

Doch wie und womit fängt man ein Wörterbuch an? Am Anfang des ersten Jahres standen Stalph und die anderen Herausgeber vor einem Haufen Fragen: „Was soll das Wörterbuch leisten, für wen soll es welche Aufgaben erfüllen? Wie umfangreich soll es sein? Welche Sprachschichten, welche Wortinformationen sollen enthalten sein?“ Daraus entstand ein Konzept. Und nachdem bestehende Wörterbücher ausgewertet, Wortlisten für die zu schreibenden Einträge erstellt und eine elektronische Eingabemaske für aushäusige Beiträger konzipiert worden waren, begann im zweiten Jahr die eigentliche lexikographische Arbeit: Wortlisten wurden gesichtet und Begriffe an das Team aus 35 Japanologen zugeteilt, die dann die einzelnen Wortartikel verfassten.

Genau könne er die Kosten nicht mehr beziffern, sagt Stalph, doch insgesamt dürfte das Projekt über Personalkosten, Bezahlung von Korrekturlesern, die Anschaffung von Hard- und Software sowie den Erwerb einer ganzen Fachbibliothek und von Zitierliteratur in mehrfacher Ausführung mehrere Millionen verschlungen haben. „Aus meiner Sicht nicht sehr viel für ein Wörterbuch dieser Größenordnung“, ergänzt er. Doch das Geld brachte Hindernisse mit sich: Unruhe packte Stalph, wenn wieder einmal der Vorwurf im Raum gestanden habe, die Arbeit gehe zu langsam voran. „Nach dem Motto: Ein Wörterbuch zu schreiben kann doch nicht so lange dauern, man muss doch bloß abschreiben, *iku* heiße ‚gehen‘, und bitte sehr.“

Manchmal habe er sich – „ohne, bitte, mich mit ihm vergleichen zu wollen“ – gefühlt wie Jacob Grimm, der bei der Erstellung des *Deutschen Wörterbuches* in ähnlichen Momenten an dessen Verleger Salomon Hirzel schrieb: „Ich arbeite unablässig fort alle tage bis abends eilf uhr, worüber Sie meine hausleute verhören können." Stalph empfiehlt das Vorwort zum besagten Grimmschen Wörterbuch: „Außer Lexikographen glaubt einem ja niemand, wie schwer, wie niederschmetternd, wie, wenn auch bisweilen natürlich aufregend und schön, belastend diese Arbeit ist, wenn man sie Tag für Tag zu tun hat, und wie sehr sie einen auszehrt."

Dass sie sich gelohnt hat, kann kaum bestritten werden. Im einigermaßen lebensnahen Feldversuch lässt sich das Wörterbuch, dessen Gebrauch einiges an Kraft erfordert (ein Band wiegt etwa 2,4 Kilo), zum Beispiel so illustrieren: Wenn ein vormals zurückhaltender Herr einer japanischen Tischgesellschaft im japanischen Restaurant zu vorgerückter Stunde über die Köpfe der anwesenden nichtjapanischen Gäste hinweg die Kellnerin anbrüllt: „*Sake ga tarinai yo*" (Der Sake reicht nicht), dann erschließt sich dem im Nachhinein suchenden Lauscher anhand der Hauptbegriffe *sake* und *tarinai* vielleicht, dass dem lautstarken Herrn je nach Deutlichkeit seiner Aussprache entweder der Lachs (*sake* oder *shake*), sehr wahrscheinlich aber eher Alkohol, Schnaps oder Reiswein nicht genügte. Als passenden Beispielsatz finden wir unter *tarinai*: „Nun besitzen die Menschen nicht genügend Verstand, ... weshalb sie die Angelegenheit (unverantwortlicherweise) dem Lauf der Natur überlassen." So steht es bei Natsume Sōseki in ‚Ich der Kater' (*Wagahai wa neko de aru*).

Dabei kann unzureichender Verstand natürlich auch nur die vorübergehende Folge eines Zechgelages (*sake no seki*) sein, in dem die Teilnehmer „saufen wie ein Bürstenbinder" – *abiru yō ni sake o nomu*. Und so erhebt sich über eine Fülle von Verweisen eine plötzlich sehr lebendige und vor allem anschauliche Sprachwelt um den gesuchten Begriff, aber auch den Suchenden.

Doch bis das Wörterbuch in dieser lebendigen Form existieren konnte, begegneten Stalph noch etliche Momente, in denen er fassungslos die Hände über dem Kopf zusammenschlagen musste. So etwa, als nach Erscheinen des ersten Bandes, der die Stichwörter von A bis I enthält, ein Student im Internet naseweis monierte, das Wörterbuch enthalte ja nicht einmal das Wort *kane* (Geld, Metall).

Übersetzer, Japanologen und Sprachbegeisterte (zumindest jene, die sich nicht als strenge Torhüter zum Wissen über Japan verstehen) werden ehrfürchtig vor den Bänden stehen wie vor einem großen Portal, hinter dem sich ein Wortschatz aus mehr als 130 000 Stichwörtern verbirgt. Dessen Umgebung kann man sich durch Tausende weitere kleine Türen erschließen. Jürgen Stalph erklärt, es gehe nicht allein um den reinen Vergleich sprachlicher Erscheinungsformen, sondern um die notwendigen Hinweise auf das „Wie ihres Zusammenspiels". In der japanisch-deutschen Zusammenschau lasse sich zeigen, wie es um die Wörter in der einen und in der anderen Sprache stehe – „mit einem Wort, was am Japanischen japanisch und was am Deutschen deutsch ist".

Durch die Beigabe dieser Kontexte lassen sich zudem etwaige sprachliche oder kulturelle Leerstellen überbrücken; und es lässt sich, wie Stalph sagt, überhaupt zeigen, wie sich „aus Lexik Sprache erhebt". So ist ein Wörterbuch dieser Art in der Lage, die feinen Unterschiede zwischen Sprachen anhand kleinster Einheiten zu markieren, ohne seine Rolle als bis dato nur in eine Richtung zu überquerende Brücke zwischen beschreibender und beschriebener Kultur zu überhöhen.

OAG Tokyo

Eine Frage, der Stalph während seiner Arbeit immer wieder begegnete, war, warum es in Zeiten des Internets überhaupt noch ein gedrucktes Wörterbuch brauche. Dem entgegnet er bis heute trotzig, „dass erstens nicht alles im Netz steht, jedenfalls nicht zweisprachig japanisch-deutsch und schön aufbereitet, dass manches nur unter erheblichem Zeitaufwand und mit guten Sprachkenntnissen zu finden ist" und „dass alles, was zu finden ist, die Lexikographen des *Großen japanisch-deutschen Wörterbuchs* bereits dort gefunden und anderswo verifiziert haben" – kurz: „dass unser Wörterbuch mithin auch in diesem Sinne eine Abkürzung ist". Doch natürlich wäre seine Digitalisierung ein weiteres großes und fruchtbares Unterfangen.

Den Mehrwert des Werkes erklärt Stalph gern am Begriff *jabara*. Herkömmlich werde der als „das Gesims" (Architektur) oder „der Balgen" (beim Fotoapparat) übersetzt. Das sei so weit auch korrekt. Zuallererst aber bezeichne der Begriff „den Bauch einer Schlange". In japanisch-japanischen Wörterbüchern werde er mit dem Hinweis versehen, dass er sich auch auf Dinge beziehen könne, die in Form oder Muster einem Schlangenbauch ähneln. Stalph fragt an dieser Stelle: „Was ähnelt denn nun alles einem Schlangenbauch? Ein weißer Schlauch? Ein irgendwie schlangenbauchähnlich gemusterter Schal? Eine geschälte Schwarzwurzel?" Da man dies nicht wisse, sei es mit dem Abschreiben der japanischen Definition nicht getan. Das führe sonst nur zu grotesken japanisch-deutschen Fehlübersetzungen. So heißt es in der deutschen Übersetzung von Abe Kōbōs Roman „Die Frau in den Dünen": „Die Zeit schien ihm schlangengleich zusammengerollt, und wenn er nicht bei jeder Windung anhielt, kam er nicht weiter."

„Mit unserem Wörterbuch", sagt Stalph, „ist solcher Übersetzerblödsinn leicht zu vermeiden". Unter *jabara* werde darin ausgeführt, dass nicht „irgendwie der Bauch einer Schlange gemeint" ist, sondern etwas, das sich wie eine Schlange zusammenziehen und strecken kann, beziehungsweise etwas „harmonikaartig Ausziehbares". Das Beispiel aus Abes Werk („*jabara no yō ni*") wird mit einem eingeklammerten „figurativ" und der Übersetzung „wie eine Ziehharmonika" erläutert. Woraus sich wiederum sofort die Bedeutung „Balgen" (das ziehharmonikaartige Verbindungsteil zwischen Gehäuse und Objektiv einer Kamera), die Bedeutung „gefaltetes Zierband" (an Kleidungsstücken oder Hüten) und dergleichen erkläre. Und so geht es für Stalph nicht darum, dass man „jabara" in elektronischen Wörterbüchern binnen drei Sekunden finden könne, während man in gedruckten Wörterbüchern zehn oder zwanzig brauche: „Es geht darum, dass man in einem Wörterbuch, sei es elektronisch oder gedruckt, alles findet, was man sucht" – und mehr.

Das *Große japanisch-deutsche Wörterbuch* ist ein Allgemeinwörterbuch und ein Fach- und Spezialwörterbuch zugleich. „Es richtet sich", sagt Stalph, „an jeden Interessierten und kann auch von jedem benutzt werden, selbst ohne Kenntnis der japanischen Schriftsysteme." Das stimmt: Mit Ausnahme der Beispielsätze führt das Werk alle japanischen Wörter und Termini auch in Umschrift auf. Doch richtet es sich nicht nur an Deutsche, die sich beruflich oder privat mit dem Japanischen beschäftigen: Auch japanische Germanisten oder japanische Muttersprachler, die sich für Deutsch interessieren, gehören zur Zielgruppe.

Zum Leben erweckt wird dieses Sprachgebäude jedoch vor allem durch all jene prominenten Geister, die sie mit Wortzusammenhängen füllen, deren Sätze aus ihren berühmtesten Werken sich zum jeweiligen Stichwort gesellen und dort nebeneinanderstehen, als träfen sich die Autoren zufällig in einem der reichdekorierten Lemma-Zimmer auf eine Zigarette. Da trifft Ibuse Masuji auf Franz Kafka – noch dazu in einer „vertraulichen Angelegenheit" (*koko dake no hanashi*), die sich in seinem Buch „Schwarzer Regen" (*Kuroi ame*) ebenso wiederfindet wie in der japanischen Übersetzung von Kafkas „Verwandlung". Hinzu gesellt sich auch Ikezawa Natsuki, der einem von beiden durch seine magisch aufgeladene Politsatire „Aufstieg und Fall des Macias Guili" (*Mashiasu giri no shikkyaku*) zuraunt: „Was ich jetzt sage, ist nur für deine Ohren bestimmt. Der Krieg geht bald zu Ende. Und formal wird er mit der Niederlage Japans enden."

Und solange die Kriege Sprachen nicht zum Verstummen bringen, solange es Menschen gibt, die sie benutzen, bleibt Sprache etwas, das wächst, wuchert und sich wandelt. Daher muss auch dieses Monumentalwerk Momentaufnahme bleiben. Doch werden auch jene Neider und Verächter, die es wie bei allen Großvorhaben gibt, zugeben müssen: Es gibt derzeit nichts Vergleichbares.

Zum Schluss die Frage: Hat der Wörterbuch-Herausgeber unter seinen 130 000 Einträgen ein Lieblingslemma? Er habe, antwortet Stalph, im Verlauf der Arbeit gelernt, „die schnellen Fährfahrten zu lieben: die anspruchslosen Pflanzen und Tiere, die einen japanischen Namen haben und einen deutschen und einen wissenschaftlichen – nichts weiter, Stichwörter". Kurzum: solche, „die sich im Handumdrehen" abhandeln lassen. Zum Beispiel *akaeri-kaitsuburi*, der Rothalstaucher. Dazu ein „Podiceps grisegena" gesetzt – fertig.

Schöne Einträge seien natürlich andere: „solche, die Zusammenhänge klären oder Geschichten erzählen". Jener zu *denbō* zum Beispiel, in dem nachzulesen ist, wie die eine Bedeutung des Wortes („die Verbreitung der Lehre Buddhas") und die ganz andere („die Rücksichtslosigkeit, die Unverschämtheit") zusammenhängen. In diese Kategorie fällt auch *ingen-mame* („die Gartenbohne, die Grüne Bohne") und der phänomenale Eintrag zur japanischen Nationalhymne, „*kimi ga yo*". Schön ist auch die Erklärung, warum die Redewendung *kuize o mamoru* (wörtlich: den Baumstumpf bewachen) überhaupt ihre Bedeutung („an Althergebrachtem festhalten, auch wenn es sinnlos ist; an sinnlosen Gewohnheiten festhalten") hat. Und natürlich enthält das *Große japanisch-deutsche Wörterbuch* auch eine „Steinlaus". Nicht ganz so prominent wie die berühmte Loriot'sche im „Pschyrembel", aber mindestens ebenso schön. „Wenn ich nur ein Lieblingslemma zu benennen hätte, wäre sie es."

F.A.Z., 26.11.2022, Literarisches Leben (Feuilleton)
Seite 22 – Ausgabe D1, D2, D3N, R0, R1

Kurzprofile

Prof. Dr. AIZAWA Keiichi
Germanist und Dolmetscher; (bis Ende März 2023) Leiter des Japanischen Kulturinstituts Köln

Peter ANDERS
Institutsleiter Goethe-Institut Tokyo

Prof. Dr. Viktoria ESCHBACH-SZABO
Japanologin; Tokyo College, Tokyo University

Dr. Clemens VON GOETZE
Botschafter, Deutsche Botschaft Tokyo

Prof. Dr. Irmela HIJIYA-KIRSCHNEREIT
Japanologin und Übersetzerin; Freie Universität Berlin

Prof. Dr. KIMURA Goro Christoph
Germanist und Soziolinguist; Sophia-Universität, Tokyo

Prof. KUMEKAWA Mario
Germanist; Vorsitzender der Gesellschaft zur Förderung der Germanistik in Japan e. V. (GFG)

Prof. em. Dr. MISHIMA Kenichi
Germanist, Sozialphilosoph und Dolmetscher; Wirtschaftsuniversität Tokyo

Prof. Dr. Reinold OPHÜLS-KASHIMA
Germanist und Japanologe; Sophia-Universität, Tokyo

Prof. em. Wolfgang SCHLECHT
Mitherausgeber des GJDW, Übersetzer, Mitglied des Publikationsausschusses der OAG; Waseda-Universität

Prof. em. Dr. Wolfgang SEIFERT
Japanologe und Politikwissenschaftler; Universität Heidelberg

Axel WEIDEMANN
Seit 2016 Redakteur für Medien im Feuilleton der *Frankfurter Allgemeinen Zeitung*

Dr. Till WEINGÄRTNER
Japanologe; University College Cork, Irland

Karin YAMAGUCHI
Vorsitzende der OAG

Die **OAG Deutsche Gesellschaft für Natur- und Völkerkunde Ostasiens, Tokyo**, wurde 1873 durch Kaufleute, Gelehrte und Diplomaten gegründet. Ihr Ziel ist es, die Länder Ostasiens, insbesondere Japan, zu erforschen und Kenntnisse darüber zu verbreiten.

Diese wissenschaftliche Aufgabe verbindet sie mit einer geselligen Funktion. So sind neben Vorträgen und der Veröffentlichungstätigkeit Ausstellungen, Feste, Exkursionen und Reisen fester Teil der Gesellschaftstätigkeit. Die OAG ist eine zentrale Begegnungsstätte für Deutschsprachige in Tokyo.

Die OAG hat sich seit 150 Jahren aus eigenen Mitteln erhalten und ist bestrebt, auch in Zukunft ihre Unabhängigkeit zu bewahren. Sie finanziert sich durch die Vermietung von Räumen im OAG-Haus, durch Mitgliedsbeiträge und den Vertrieb ihrer Veröffentlichungen.

Veranstaltungen

Monatlich, außer im Juli und August, sind zwei bis vier Vorträge, traditionell an Mittwochabenden, vorgesehen, die in der Regel durch weitere Veranstaltungen ergänzt werden.

Die meisten der seit September 2020 aufgezeichneten Vorträge sind unter https://vimeo.com/oag.tokyo zu sehen.

Außerdem veranstaltet die OAG Seminare ostasienkundlichen Inhalts, Symposien, Exkursionen und Reisen im In- und Ausland. Sie verfügt außerdem über ein reichhaltiges japanbezogenes Kursangebot.

Publikationen

Mit ihren Veröffentlichungen versucht die OAG in allgemeinverständlicher Form und wissenschaftlich korrekter

Weise, Wissen über Ostasien und insbesondere Japan zu vermitteln. Dabei bemüht sie sich um ein breites Themenspektrum und berücksichtigt auch oft Sachbereiche, die von kommerziell arbeitenden Verlagen vernachlässigt werden.

Über das Veranstaltungsprogramm der OAG und sonstige Vereinsnachrichten werden die Mitglieder durch die zehnmal jährlich erscheinende Zeitschrift „OAG NOTIZEN" informiert, die auch einen redaktionellen Teil und Rezensionen enthält.

Das Publikationsprogramm der OAG umfasst neben den im iudicium verlag erscheinenden Monographien die Reihe „OAG Taschenbuch", die den Mitgliedern bei Erscheinen kostenlos, Nicht-Mitgliedern gegen Erstattung einer Kostenpauschale zugestellt wird. Informationen über Veranstaltungen, lieferbare Publikationen sowie weitere Aktivitäten und Einrichtungen der OAG sind auch auf der OAG-Seite im Internet (**https://oag.jp**) abrufbar.

Die Einrichtungen der OAG

Für regelmäßig stattfindende größere Veranstaltungen verfügt die OAG über einen Saal (230 Plätze); die regulären Vorträge finden in der mit einem multimediatauglichen Projektionssystem ausgerüsteten OAG-Bibliothek statt. Die Ausstellungen werden im großzügigen Foyer durchgeführt, und für das gemütliche Zusammensein nach den Veranstaltungen gibt es im OAG-Haus die Konditorei / das Restaurant „Mahlzeit" mit hervorragenden deutsch-österreichischen Spezialitäten.

Die OAG-Bibliothek enthält ca. 5.000 Werke und zahlreiche Zeitschriften in deutscher und englischer Sprache. Neben den Standardwerken zum Themenkreis der OAG finden sich neben Neuerscheinungen auch seltene Werke aus früheren Jahrhunderten.

OAG Tokyo

Seit 1950 besteht die **OAG Hamburg**, eine rechtlich und organisatorisch unabhängige Gesellschaft, deren Wirken sich auf Veröffentlichungen konzentriert.

Mitgliedschaft

Der Gesellschaft kann man als Ordentliches bzw. als Förderndes Mitglied beitreten. Der Mitgliedsbeitrag schließt die Familie des Mitglieds mit ein. Für Studenten wird eine erhebliche Beitragsermäßigung gewährt. Weitere Auskünfte erhalten Sie im Büro der **OAG Tokyo**.

OAG Tokyo
OAG-Haus, 7-5-56 Akasaka,
Minato-ku, Tokyo 107-0052

(社)OAGドイツ東洋文化研究協会
〒107-0052 東京都港区赤坂 7-5-56
オーアーゲーハウス

Tel: 03-3582-7743
Fax: 03-5572-6269

E-Mail: tokyo@oag.jp
https://oag.jp

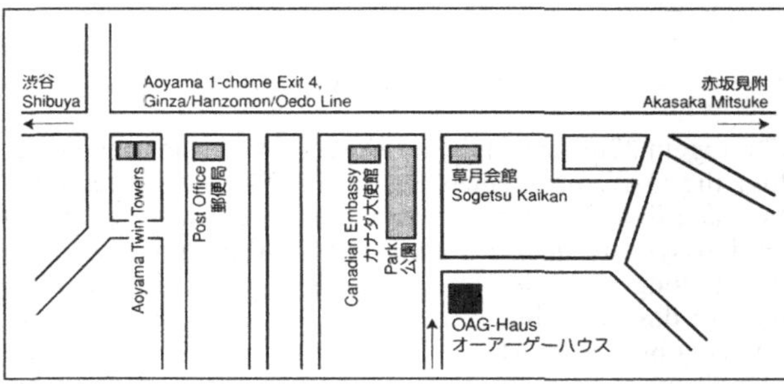